AF480409

9 789948 762805

المسرح والموسيقى

(مداخلات ملتقى الشارقة الثامن عشر للمسرح العربي)

المسرح والموسيقى

(مداخلات ملتقى الشارقة الثامن عشر للمسرح العربي)

2023

المشاركون

رشيد البرومي	رانيا يحيى
عائشة القلالي	رعد خلف
نوفل لعزارة	عبدالمجيد فنيش
هاني عفيفي	ياسمين فراج

إعداد
عصام أبو القاسم

إصدارات دائرة الثقافة، حكومة الشارقة 2024 م

الناشر: دائرة الثقافة ـ حكومة الشارقة ـ الإمارات العربية المتحدة

الهاتف: 5123333 6 971+

البرَّاق: 5123303 6 971+

الموقع الإليكتروني: www.sdc.gov.ae

البريد الإليكتروني: sdc@sdc.gov.ae

____

792.6024

م ش. م   ملتقى الشارقة للمسرح العربي (18 : 2023)
المسرح والموسيقى : مداخلات ملتقى الشارقة الثامن عشر للمسرح العربي / إعداد
عصام أبو القاسم.ـ الشارقة، الإمارات العربية المتحدة : دائرة الثقافة، 2024.
186 ص. ؛ 14x21 سم.
1 - الموسيقى في المسرح
2 - الموسيقى المسرحية
أ. العنوان
ب. أبو القاسم، عصام

ISBN:978-9948-762-80-5

تقديم:
المسرح والموسيقى

شكَّل ملتقى الشارقة للمسرح العربي، منذ انطلاقته، منصة فكرية وثقافية، مستمرة ومتجددة، لتبادل الأفكار والآراء والمعارف، بين المشتغلين في المجال، من مختلف الأجيال والحساسيات الفنية، حول كل ما يمكن أن يطور الممارسة المسرحية العربية، ويعزز مكانتها، ويعمق تأثيرها على مختلف الصُعد.

وفي هذا الإطار، استضاف الملتقى، على مدار السنوات الماضية، العديد من الحوارات والنقاشات، التي تناولت جملة من الموضوعات والقضايا، حول علاقة «أبو الفنون» بطائفة واسعة من المسائل، كـ «الهوية»، و«الشباب»، و«التاريخ»، و«التغيير»، و«العلوم»، و«القيم»، إلخ.

وفي دورته الـ(18)، اقترح الملتقى على المشاركين في فعالياته معاينة وقراءة العلاقة بين المسرح العربي والموسيقى.

كما هو معلوم، عدَّ أرسطو الموسيقى/ الغناء عنصراً من العناصر الستة التي ينهض عليها البناء الدرامي، وفي رأي البعض

فإن «التراجيديا» مستقاة من روح الموسيقى، وهي إلى المسرح مثل الجوهر إلى المظهر، أو الصورة إلى الصوت.

في منتصف القرن التاسع عشر، شكلت الموسيقى ملمحاً أساسياً من تصور رواد «أبو الفنون» في الوطن العربي، لصناعة «العرض المسرحي» الجاذب والجميل.

وفي خطبته الشهيرة، قال مارون النقاش، بينما كان يقدم ما يُعد أول عرض مسرحي في الوطن العربي (1847)، إن الأوبرا كان وقعها عليه «ألذ وأشهى، وأبهج وأبهى»، لذلك صوّب قصده «إلى تقليد المسرح الموسيقي المجدي».

وبعد تجربة النقاش في لبنان، باتت عناصر مثل الموسيقى، والغناء، والرقص، من صميم بنية العرض المسرحي، على يد أحمد أبي خليل القبانّي في سوريا، ثم في مصر لاحقاً.

وفي مطلع القرن الماضي، كان جمهور القاهرة، التي كانت بمثابة عاصمة للمسرح العربي، يقبل على العروض، ولا يعبأ أجاد الممثلون أم لم يجيدوا، انجذاباً إلى صوت سلامة حجازي، ولسماع أنغامه الشجيَّة «التي تطرب الجلمود» كما قال فرح أنطون، وتبلور ما بدأه حجازي عبر جهود الموسيقار سيد درويش عقب الحرب العالميَّة الأولى، وقد نما استخدام الموسيقى في المسرح العربي لاحقاً، فظهرت في مقدمات العروض وفواصلها وخواتمها؛ وفي الأثناء ترسخت في المشهد أنواع فنيَّة مثل «الفودفيل»، و«الأوبريت»، وسواهما، قوامها دمج الدراما بالموسيقى.

وبالنظر إلى ما سجلته صحافة ذلك الزمان في إعلاناتها، ومراجعاتها، وآرائها النقديَّة، حول العروض المسرحيَّة؛ يلاحظ أن أكثر ما كان يجري التطرق إليه، يتصل بموقع ووقع التقنيات، والحلول، والأعلام الموسيقيَّة والغنائيَّة والصوتيَّة.

وقد كان الممثل يمدح لبراعته في الإلقاء الصوتي، وليس في التشخيص.

كما يمكن القول إن أبرز الاجتهادات العربيَّة، العمليَّة والنظريَّة، التي عرفها المسرح خلال العقود التالية لترسيخ موقع هذا الفن في المجتمع؛ أو لإعادة تعريفه من خلال إضفاء خصوصيَّة عربيَّة عليه، تمظهرت في تلقيحه أو مزجه بالترانيم والإيقاعات والألحان المستلهمة من خزائن التراث العربي.

وعلى مدى الوقت، لاسيما في العقدين الأخيرين، شهد مجالا المسرح والموسيقى، والعلاقة بينهما؛ تطورات مفاهيميَّة وتقنيَّة يصعب حصرها في هذا المقام، سواء أكانت بسبب التحولات المجتمعيَّة، أم لبروز تيارات فنيَّة جديدة هنا وهناك، أم نتيجة للمستحدثات التكنولوجيَّة.

تواصلاً وتفاعلاً مع كل ذلك، جاء ملتقى الشارقة الثامن عشر، تحت عنوان «المسرح والموسيقى»، على أمل أن تسهم المداخلات المقدمة فيه، وما يتبعها من نقاشات، في تسليط المزيد من الضوء على عدة محاور حول علاقة المسرح العربي بالموسيقى، مثل:

- ما موقع الموسيقى في المسرح العربي اليوم؟

- هل يمكن الحديث عن مناهج أو توجهات رائجة أكثر من غيرها في استخدامات الموسيقى في التجارب المسرحيَّة العربيَّة الحديثة؟

- ما أبرز الإشكاليات التي تواجه توظيف الموسيقى في مسرح اليوم؟

- إلى أي مدى يمكن القول إن التجارب العربيَّة المنجزة في دمج المسرح بالموسيقى، إذا جاز القول، عادت على كلا المجالين بفوائد ملموسة؟

المسرح الغنائي..
المصطلح ومفهومه في ضوء التجربة العربية

● د. رانيا يحيى - مصر

مقدمة:

الفن هو ساحة الخيال المفتوحة للجميع، دون حراسة أو وصاية، وغالباً ما ينبني موضوعه مستمداً من الواقع بظروفه الاجتماعية والاقتصادية والأيديولوجية التي تتضافر فيها العناصر لخلق عمل إبداعي، هذا العمل يصعب فصله عن ماضيه بكل خصائصه، فعملية الإبداع تراكمية تراكبية، لا تتنفصل عن سالفها، وقد يبدأ المبدع من حيث انتهى الآخرون، أو ينتزع بعض أفكار تستفيد مما طرح في السابق، أو قد يستلهم منها.

والمسرح «أبو الفنون» يضم في بوتقته عناصر سمعية وبصرية تتآزر في رسم لوحة إبداعية جمالية، والموسيقى تعتبر أحد العناصر الرئيسة المكونة لفن المسرح، والعلاقة بينهما تاريخية متأصلة بجذورها في عمق التاريخ، كما تشكل محتوى حقيقياً للرؤية المسرحية تأكيداً لرأي المخرج الروسي فسيفولود ميرهولد القائل ــ كما يرد في المعجم المسرحي لماري الياس وحنان قصاب ــ : بأنه «يستوجب علينا وضع الموسيقى بشكل ملائم داخل الإطار المسرحي، فهي أحد العناصر المهمة في توصيل الفكرة وبعث مشاعر التآلف مع

الصورة المسرحية والمحتوى الدرامي في آنٍ واحدٍ، كما تقوم الموسيقى بأدوارٍ قد لا تستطيع العناصر الأخرى التعبير عنها دونما هذا العنصر الأخاذ».

وانطلاقاً من هذا القول، فالمسرح الغنائي أحد الأشكال الفنية التي راقت للجمهور على مدار مراحل تاريخية متعاقبة، ربما شهدت رواجاً في فترات دون غيرها لأسباب اجتماعية واقتصادية وسياسية، إلا أنها في كل الأحوال تظل مصدر بهجة ومتعة. ويرتكز المسرح الغنائي بشكل مباشر على الموسيقى باعتبارها الأداة الحقيقية لبناء الأغنية، ولا غناء من دونها مطلقاً، وكذا هي عنصر رئيس في تكوين العمل المسرحي كما أشرنا، ومن ثم فهي القاسم المشترك بكل ما لها من سمات وخصائص مكونة، تسهم في تشكيل المسرح الغنائي.

وقد مر المسرح الغنائي بمراحل تاريخية منذ النشأة حتى وقتنا الراهن، سنتتبعها من خلال هذا البحث، ثم نغوص في إشكالية المصطلح لتداخل عدد من المفاهيم التي تتشابك مع مفهوم المسرح الغنائي، التي أرى أنها تحدث التباساً لدى المشتغلين بالمسرح والجمهور وحتى القائمين على العملية النقدية باعتبارها جزءاً من العملية الإبداعية برمتها. فإشكالية صياغة المفاهيم نعاني منها بوصفنا باحثين ومنظرين لفلسفة الإبداع، فصياغة المفهوم تتشكل من إدراك الفرد لعناصره التفصيلية، ومحتواه المضاميني المتناول، لكن أعتقد أيضاً أن الترجمة لعبت دورها في مزيد من الانغماس في هذه الإشكالية. وانطلاقاً من تحديد المفهوم وتوضيحه، نستعرض

عدداً من العروض المسرحية التي يشكل فيها الغناء عموداً رئيساً في البناء الدرامي، مع وضع نقاط تحقق الإفادة في كلا المجالين الموسيقى والمسرح.

وتتمحور مشكلة البحث حول حالة الالتباس في مفهوم المسرح الغنائي وارتباطه بعدد من المفاهيم الأخرى التي تربط بين المسرح والموسيقى، وكذا كيفية تعامل الموسيقيين تطبيقياً في العروض المسرحية من خلال تحليل واستقراء بعض الإبداعات المسرحية التي ظهرت في السنوات الأخيرة من القرن الحادي والعشرين. كما تكمن أهمية البحث في الكشف عن أهم سمات المسرح الغنائي، ومدى الفائدة المرهونة بدمج المسرح والموسيقى في بوتقة واحدة.

الحدود المكانية: جمهورية مصر العربية.

الحدود الزمانية: العقد الأخير من القرن الحادي والعشرين.

ويسعى البحث للإجابة عن بعض التساؤلات أهمها:

– ما شكل العلاقة التاريخية بين كل من المسرح والموسيقى؟

– ما إشكالية مفهوم المسرح الغنائي مع غيره من المفاهيم المرتبطة بالموسيقى والمسرح؟ وكيف يمكن إزاحة حالة الالتباس بين تعددية هذه المفاهيم؟

– هل هناك علاقة بين الموسيقى وإرشادات النص المسرحي؟

– ما سبب تراجع إنتاج عروض المسرح الغنائي؟

- ما سمات المسرح الغنائي العربي المعاصر من خلال تحليل بعض العروض بوصفها نماذج تطبيقية؟

- كيف تتحقق الإفادة لكل من المسرح والموسيقى نتيجة لعلاقة التزاوج بينهما؟

تنقسم الدراسة إلى قسمين:

أولاً: الإطار النظري ويشمل:

- العلاقة التاريخية بين المسرح والموسيقى.

- إشكالية مفهوم المسرح الغنائي.

ثانياً: الإطار التطبيقي ويشمل:

- تناول بعض عروض المسرح الغنائي المعاصر للوقوف على أهم خصائصه.

- كيفية تحقق الإفادة لكلا المجالين.

أولاً: الإطار النظرى:

العلاقة التاريخية بين الموسيقى والمسرح:

لم تكن العلاقة بين المسرح والموسيقى كغيرها من العلاقات التي بُنيت عبر دمج العناصر المختلفة لصناعة حالة جمالية نتيجة هذا التكامل المتشكل في بؤرة التكوين المسرحي، وإنما تتأتى هذه العلاقة

المتفردة منذ نشأة فن المسرح حين خلق من رحم التناغم الموسيقى، فقد انبثق من أصل الجوقة أو الكورس الغنائي، منذ عهد اليونانيين القدماء الذين تطورت على أيديهم هذه الدراما وأفرزت أنواعاً متعددة وعناصر تباينت لخلق فن يجمع بين تآزر السمع والبصر في لوحة تشكيلية جمالية.

ونستطيع القول إن ميلاد المسرح ظهرت بوادره في عهد الفراعنة القدماء، في عمق تلك الحضارة، التي جُسدت منقوشةً على جدران المعابد، حيث يبعث الفرعون قائد الجيش إلى المعارك ويرافقهم بعض العبيد، وبعد عودتهم يقوم هؤلاء العبيد بمحاكاة المعركة بأداء حركي تمثيلي صامت «الإيماء Mime» حتى يتمكن الحاكم من تخيل الحدث بأكمله. وبالتالي كانت تلك بدايات أولية لاكتشاف هذا الفن الوليد. ومن رقصات الحروب وطقوس تقديم القرابين للآلهة، إلى حضارات الشرق الأقصى وفن التمثيل الإيمائي الذي أخذ شكلاً متكاملاً قبل أن تعرفه الحضارات الغربية، بحيث تترافق الرواية الدرامية مع الرقص والإيماء، فيقوم الممثل بأداء الحدث حركياً في حين يقوم الراوي بسرده كلامياً.

ومن عمق الحضارة الإغريقية نشأت الدراما أو فن المسرح، وكان منذ بداياته غنائياً، حيث يقوم المغني بأداء الترانيم القديمة المعروفة باسم ديثرامب (dithyramb) احتفالاً بالإله ديونيسيوس Dionysus، وكان ثيسبس Thespis أول من فاز لأدائه مأساة خلال مهرجان الإله ديونيسيوس في المسابقات التي كانت تجرى في اليونان، حيث تذكر المصادر أنه كان يحضر عرضاً موسيقياً في 534 ق.م فأعتلى خشبة

المسرح حين استفزه العرض فصاحب الموسيقى بالرقص، ومن هنا بزغت فكرة التمثيل الدرامي، وتطورت وأصبح المغني يرتدي أقنعة وملابس لأداء أكثر من دور بالغناء والرقص، فكانت بداية الدراما والمسرح مرتكزة على الغناء بوصفه مكوناً رئيساً للعرض، وزاد عدد الجوقة وأصبحت من الرجال المقنعين الذين يؤدون طقوساً دينية – وبطبيعة الحال لم يكن الأمر أشبه بمفهوم المسرح الذى نعرفه اليوم – وإنما بنى عليه قوام العرض الدرامي.

وكانت المسرحية في العهد اليوناني القديم في القرن السادس قبل الميلاد عبارة عن الجوقة التي تتكون من رجال يقومون بالتصفيق والغناء، ويقوم بالأداء التمثيلي ممثل واحد فقط، وتطور الأمر شيئاً فشيئاً حتى وصل عدد الممثلين إلى ثلاثة. وكان المسرح خشبياً متنقلاً، إلى أن تغير الأمر وتحول إلى بناء حجري ثابت في القرن الخامس قبل الميلاد، وكان المسرح يشمل الأوركسترا، وتعني آنذاك حلبة الرقص، وهي المكان المستدير الذي تستخدمه الجوقة في الغناء والرقص، وفي المنتصف مذبح Altar يستخدم في أغلب المسرحيات اليونانية لتقديم القرابين للإله ديونيسيوس، وعلى الجانبين ممران يُستخدمان لدخول الممثل إلى الأوركسترا. وكان الجمهور يجلس في حلقات دائرية تستند إلى سفح تل، كبناء حجري على شكل الرواق أو الجدار المرصع بالأعمدة وكأنها كواليس، يختبئ خلفها الممثل لوضع الأقنعة وتغيير الملابس، حينما ظهر الممثل الأوحد في البداية على يد ثيسبس، فاضطر الجمهور إلى مغادرة ناحية من المدرجات لكي يستطيع مشاهدة أداء الممثل، فجلسوا في شكل حدوة الحصان

حتى تسهل الفرجة. وكانت الجوقة في البداية متجولة أثناء أداء الطقوس الدينية والاحتفالات، وانتقلت منها إلى الدراما اليونانية، وكانت الجوقة تتمتع بتكوينات بصرية ذات دلالة درامية. وكان لها رئيس يمثل الشاعر ويتحاور مع أفرادها، مما أفرز بدايات الحوار المسرحي، ويتم التحضير للعمل وتدريب أفراد الجوقة في غضون شهر قبل بداية العرض، وتعمل المقاطع الغنائية للجوقة على تخفيف حدة التوتر الدرامي.

وارتباط الموسيقى بالمسرح بوصفه فناً في البدايات ليس فقط من خلال الجوقة الغنائية، وإنما بتلازم وجود بعض الآلات الموسيقية المرافقة لهذه الجوقة، منها الناي والقيثارة في الدراما الإغريقية.

أما مفهوم المسرح الغنائي فظهر عند إسخيليوس، حيث استطاع أن يطور التراجيديا الإغريقية لخلق حالة من الصراع والتفاعل لإثراء الحالة الدرامية، التي كانت قاصرة على تفاعل الشخصيات مع الجوقة فقط. مما جعله يدرك حالة القصور الدرامي لأداء الممثل لدوري الإله والبطل، من خلال الأقنعة أو تغيير شكل الوجه، ما جعله يضيف ممثلاً آخر، ويدخل تعديلات على دور الجوقة التي وصل عددها إلى اثني عشر شخصاً، وأضفى حالة من الواقعية والاندماج على العرض الدرامي. وكانت مسرحياته تسودها المسحة الغنائية المصحوبة بحالة من التشاؤم، الذي ينزوي تدريجياً نتيجة لتطور الصراع بين الإله والبشر. وظلت الجوقة تشغل أهمية بارزة بل تجسد دور بطولة وكأنها بطل داخل العرض الدرامي، كما يتجلى في مسرحيتي «أجاممنون»، و«حاملات القرابين»، حيث لعبت الجوقة

ركيزة أساسية لبنية التطور الدرامي بما قدمته من أغنيات، وكانت تدخل العرض لأداء الغناء أو الرقص في مسيرة جماعية منتظمة، وأحياناً بشكل فردي، أو مقسمة إلى مجموعتين بالتناوب، وقد تتبادل بعض المقاطع الحوارية مع الممثلين في حدود ضيقة إذا أسند إليهم إلقاء جمل بعينها.

كما أقدم سوفوكليس على تطوير الدراما اليونانية على حساب الجوقة الغنائية التي تقلصت عن سابقتها، فبرغم زيادة عددها على يديه لتصل إلى خمسة عشر مغنياً، إلا أنه أضعف تأثيرها الغنائي عما كان معمولاً به في عروض إسخيليوس، وجعلها جزءاً عضوياً من العمل المسرحي، واهتم بالكتابة الأدبية والفكرية لنصوصه المسرحية، وأضاف الممثل الثالث، فأصبح المشهد والحوار في حالة أكثر ثراءً ومتعة عن ذي قبل. وكانت الدراما اليونانية تتألف من المقدمة التي تمهد للعرض وتكون في صورة مونولوج يؤديه الممثل، ثم انتقال الجوقة إلى الأوركسترا في حالة من الإنشاد والغناء والرقص، يليها مشاهد تمثيلية، ويتخللها فواصل غنائية من الجوقة تعمل على الترفيه وتخفيف حدة التوتر الناجمة عن الصراع الدرامي المحتدم في التراجيديا الإغريقية، وكذلك لإتاحة الفرصة للممثل لتغيير الملابس أو ملامح الشخصية، إما بطلاء الوجه أو إضافة أقنعة تتناسب والشخصيات، وكانت الجوقة جزءاً ضرورياً لا يمكن الاستغناء عنه بوصفها مكوناً يستوجب التوظيف درامياً في المسرح الإغريقي.

ومع يوريبيدس تراجع دور الجوقة، وأصبح وجودها يقتصر على كونها عادة مألوفة وكأنها قطعة ديكور داخل المنظر المسرحي، حيث

اعتبرها معيقاً أمام تنامي الأحداث الدرامية، واقتصر دورها على الغناء بعد الفواصل بين مشاهد المسرحية، وفي كثير من الأحيان لا تربط موضوعاتها أي علاقة مع الموضوعات الدرامية المطروحة في العرض.

وكان لاستخدام الجوقة في المسرح اليوناني عدة وظائف كانت النواة الرئيسة لكيفية توظيف الموسيقى فيما بعد في الأعمال الدرامية بأنواعها وأشكالها المختلفة، من المسرح إلى السينما، ومن بعدها الدراما التلفزيونية، ثم دراما الوسائط المتعددة. حيث اعتمد على الجوقة في أداء وظائف درامية باعتبارها فاصلاً بين المشاهد تعطي فرصة للممثل للاستعداد للمشهد التالي، وربط الأحداث الدرامية، والتعبير عن الانفعالات الحسية والمشاعر الوجدانية، وضبط إيقاع العرض المسرحي، كما تقوم بدور المؤثر الصوتي، وجميع هذه الوظائف ما زالت تقوم بها الموسيقى باعتبارها البديل عن الجوقة في هذه المرحلة.

وفي القرن الثالث قبل الميلاد كان المسرح الروماني امتداداً للمسرح الإغريقي، وفي هذا العهد زاد عدد الممثلين وتراجع دور الجوقة، وشاركت المرأة في الجوقة الغنائية، وأصبحت العروض المسرحية تأخذ الطابع الترفيهي، وكانت المسرحية الرومانية تكتب بالتعاون مع مؤلف موسيقي يذكر اسمه على رأس المخطوطة، وكان يفترض وجود عازفين بجوار الجوقة على منصة المسرح، بينما في أواخر الإمبراطورية الرومانية شغلت الموسيقى حيزاً كبيراً من العرض، وكان الموسيقيون يتواجدون في الكواليس أو على

خشبة المسرح أو في فتحة الأوركسترا، وظلت فتحة الأوركسترا المخصصة للموسيقيين موجودة حتى القرن التاسع عشر.

وإبان الفترة من 448 – 380 قبل الميلاد اقتصر دور الجوقة على المقطع التعليقي في نهاية العرض المسرحي، وعلى تقديم بعض الفواصل الغنائية بين المشاهد في العروض الكوميديا، بينما اختفت تقريباً في عروض التراجيديا الرومانية. ويعتبر هذا الانحسار التدريجي أحد أسباب زوال شكل العرض المسرحي الإغريقي. وساعد في ذلك زيادة مساحة الحوار، وارتفاع نفقات العروض المسرحية ما نجم عنه تراجع كبير في دور الجوقة.

وفي القرون الوسطى، ارتبط الفن بالدين والكنيسة ارتباطاً كبيراً وعادت الجوقة إلى الظهور في هذه العروض ذات الصبغة الدينية، وكانت مقسمة إلى مجموعتين من المنشدين، للتعليق والربط بين المقاطع.

وفي القرنين السادس عشر والسابع عشر، تراجع دورها مرة أخرى، واستقل المسرح عن الموسيقى والغناء وأخذ طابعاً حوارياً مع زيادة الاهتمام بالنص المكتوب، في حين ظهر المسرح الغنائي مع ولادة فن الأوبرا، وأصبحت الجوقة عنصراً شكلياً أكثر منه فاعلاً في العرض المسرحي، واستعيض عن دورها الدرامي بشخصية «المهرج» المعلق على الأحداث في المسرح الكلاسيكي الفرنسي، ويعتبر آخر ظهور للجوقة بشكلها التقليدي في المسرح الأوربي خلال القرن الثامن عشر في مسرحيات الألمانيين جوته Goethe (1749 – 1832)، وشيللر (1805 – 1759) Schiller.

وقبل ظهور الأوبرا، كانت هناك محاولات لإخضاع الموسيقى للنص من خـلال بعض الصيغ الموسيقية، مثل «الماديريجال Madrigal» و«الشانسون Chanson» لكنها لم تحظَ بالتحديث أو النتيجة التي جاهدوا للوصول إليها، لكن مع ظهور جماعة «الكاميراتا Camerata» وهم مجموعة من الشعراء والأدباء والنبلاء والمؤلفين في إيطاليا، وعلى وجه التحديد في مدينة فلورنسا في أواخر عصر النهضة حوالى عام 1590 كرد فعل على «البوليفونية polyphony» الصارمة التي أضاعت معاني كلمات الشعر، كان البحث عن وسيلة جديدة لم يتطرق إليها أحد، ووجدوا الحل في إحياء المسرح اليوناني القديم المعتمد على الموسيقى وكيفية استخدامهم لها بمصاحبة التمثيل، مع مصاحبة آلية محدودة، حيث كان الغناء يؤدي معاني الشعر بوضوح تام. وبالفعل، أنتجت محاولاتهم الأولى في هذا الاتجاه فن «الأوبرا» الذى ظهر عام 1594 بعرض أسطورة ملحنة بعنوان «دافني» للمؤلف الموسيقي الإيطالي جاكوبو بيري J.Peri (1561 – 1633) على شعر من نظم أوتافيو رينوتشيني Ottavio Rinuccini (1562 – 1621) وقدمت أمام جمهور خاص عام 1598، لكن موسيقى هذا العمل فقدت منذ أمد بعيد، وتعتبر أول أوبرا بالمعنى الذى نعرفه أوبرا «يوريديس Euridice» لبيري أيضاً على قصيدة رينوتشيني، التي عرضت ضمن احتفال زفاف هنري الرابع ملك فرنسا على ماريا دي ميديشي في فلورنسا بإيطاليا في أكتوبر عام 1600.

وقد حاول بيري في هذه الأوبرا بجانب الغناء اكتشاف أسلوب جديد تمثل في «الإلقاء المنغم Recitative» وهو تلفظ مترنم يتوسط

الغناء والتكلم بمصاحبة الموسيقى، لكن في إطار الحوار الكلامي، وكانت هذه بداية لانطلاق هذا الفن الرفيع في إيطاليا، الذى عرفته الإنسانية لأول مرة بكل ما ينطوي عليه من فنون رفيعة جاذبة. وبعد تجربة «يوريديس – Euridice» أدخل الإيطالي كلاوديو مونتيفيردي C.Monteverdi (1567 – 1643) كثيراً من التعديلات والتحسينات على هذه الصيغة، وجعل للموسيقى دوراً أكبر، وزاد من عدد الآلات المشاركة في الأوركسترا، وقدم أوبراه الأولى «أورفيو Orfeo» التي عرضت عام 1607 في مانتوا، ثم جاءت أوبراه الجديدة قائمة على تلحينه لقصيدة «آريانا» التي حملت أوبراه نفس عنوانها حين قدمت لجمهور مانتوا عام 1608، وتصاعدت شعبية فن الأوبرا وافتُتِحت أول دار عامة لها في البندقية تحت اسم «تياترو سان كاسيانو» عام 1637 وتبعتها دار «تياترو سان ماركو»، وأصبحت الأوبرا مذاك من أهم المؤلفات الموسيقية التي تتكامل فيها الفنون السمعية والمرئية، وانتشرت بشكل كبير في إيطاليا وخارجها، وأُنشِئت كثير من المسارح ودور العرض التي تتلاءم مع قيمة هذه الأعمال فنياً، وحتى تتناسب أيضاً مع الأعداد الكبيرة المشاركة في مثل هذه العروض.

إشكالية المصطلح:

نظراً إلى تعددية المصطلحات الناتجة عن دمج أشكال الفنون كافة من دراما وموسيقى وغناء وديكور وملابس، ونتيجة للموسيقى المسيطرة، والفرجة المشهدية المبهرة التي تخلق جواً خاصاً يجعل المتفرج مستغرقاً فيما يشاهده فتتحقق المتعة، انبثقت صيغ موسيقية

كالأوبرا، والمسرح الموسيقي، والدراما الموسيقية، والفودفيل، والمسرح الغنائي، والكوميديا الموسيقية، والأوبريت، والميوزيكال. وهو ما يحتاج إلى توضيح.

1 – الأوبرا Opera:

كلمة لاتينية تعني عملاً أو مؤلفاً، وعرفت بأنها مسرح درامي مغنى من البداية إلى النهاية بشكل فردي أو مجموعات بمرافقة الجوقة والأوركسترا، كما تشمل بقية الفنون الأخرى، مثل: الشعر والباليه والفنون التشكيلية والتمثيل الصامت. وكانت الأوبرا في بداياتها هجيناً يقوم على مبدأ الكلام الملحن وتنتمي إلى عالم المسرح والموسيقى معاً، وبالتالي كانت الأعمال الأوبرالية مستندة إلى نص مسرحي، وهي تعرف باسم المؤلف الموسيقي وليس كاتب النص، وتشمل افتتاحية موسيقية ومقاطع غنائية تشكل طبيعة الأحداث الدرامية، وينبغي على المغني أن يكون على دراية بالإمكانات التمثيلية لتجسيد الشخصية الدرامية على المسرح، وأن يتمتع بمهارة فنية، وكان جمهور الأوبرا يقتصر على النخبة المثقفة في كثير من الأحيان.

2 – المسرح الموسيقي Musical Theatre:

عروض تلعب فيها الموسيقى الدور الأساسي، وتهدف إلى إدخال المتفرج في حالة معينة تستثير أحاسيسه من خلال التداخل بين النص والصورة والموسيقى، وتكون الموسيقى في هذه الحالة نقطة انطلاق العرض، فهي تحمل أبعاداً درامية وتروي الحدث، بالإضافة إلى أنها

تشكل ما يسمى بالديكور السمعي الذي يعطي إيقاع الحدث ويؤكد على درامية الزمن.

وقد ارتبط هذا النوع من العروض بالتجريب منذ الخمسينيات باتجاهين هما مسرح الآلات Theatre instrumental والمسرح الصوتي Theatre Vocal، وكان ظهوره يرمي إلى التميز عن فن الأوبرا وعن الموسيقى المرافقة لمشاهد العرض المسرحي، لكن في السبعينيات صار تعبير المسرح الموسيقي يشمل أشكالاً متنوعة من العروض، منها الأوبرا والعروض التي تشكل الموسيقى الصوتية عنصراً أساسياً بجانب الصورة، ونجد هذا النوع في بعض عروض تستنبط روح الشعر من خلال صياغته في مقطوعة موسيقية، وهذا ما سعى إلى تحقيقه الفرنسي بيير بوليز P.Boulez (1925 – 2016) في عمله «المطرقة دون صاحب» للشاعر الفرنسي رونيه شار R. Char، التي قام بتحويلها إلى عرض، وأعمال الأمريكي روبرت ويلسون R. Wilson، وكذا المخرج بيير بارات P. Barrat ضمن هذا التوجه منها مسرحية «واحد ضد الجميع» عام 1971. ويرى بعض المسرحيين والمتخصصين أن مصطلح المسرح الموسيقي أعم وأشمل وهو الكل الذي انبثق عنه الجزء.

3 – المسرح الغنائي Lyrical Theatre:

تسمية عامة تطلق على كل الأنواع المسرحية التي تدخل عليها الموسيقى والغناء، وهي شائعة في المجتمعات العربية. ويندرج تحت مسمى المسرح الغنائي أنواع عديدة منها الأوبرا بأنواعها والأوبريت،

والأعمال الاستعراضية. وتعتبر معظم أنواع المسرح الشرقي من أشكال المسرح الغنائي حيث تشكل الموسيقى والغناء عناصر أساسية في صياغة العرض المسرحي. فمنذ أن أدخل مارون النقاش تقاليد المسرح الغربي في القرن التاسع عشر، جاءت فكرة تطعيم المسرح بالغناء والموسيقى من أجل أن تتوافق مع طبيعة الجمهور العربي وذائقته الغنائية. وكانت موجودة في مسرحيات السوري أبى خليل القباني (1833 – 1902) سواء من خلال أشعار تنشد أو فواصل موسيقية وغنائية.

والمسرح الغنائي خرج من رحم فن الأوبرا، حيث اعتمد على ركائزه الأساسية من موسيقى وأغنيات، لكن شريطة توظيفها داخل العمل الدرامي بما يخدم أحداث المسرحية ويتفاعل مع تطور البناء الدرامي للنص المسرحي، مع عدم الاقتصار على التسلية والإضافة غير الفاعلة للنص حتى لا تفقده مضمونه وجمالياته. ومن أهم ما يميز المسرح الغنائي عن الأوبرا هو تعدد الأنواع الموسيقية وآلاتها لخدمة العمل، حيث ارتباط الأوبرا بالموسيقى الكلاسيكية والأوركسترا الغربي الذي يقوم بتنفيذ رؤية المؤلف الموسيقي الذي تنسب إليه الأوبرا، وليس إلى واضع النص وهو ما يخالف المسرحية التقليدية.

وقد كانت المسرحيات الغنائية في البداية شديدة الشبه بالأوبرات من حيث التركيز على الموسيقي والرقص على حساب الحبكة الدرامية، فالأوبرا تُبنى عادة على الغناء الأوبرالي من دون حوار، برغم وجود بعض الأعمال الأوبرالية التي تتخللها حوارات كلامية مثل أوبرا «كارمن» للفرنسي جورج بيزيه Georges Bizet، التي لم

تلتزم بالشكل التقليدي لفن الأوبرا، ولكن ما نقصده هو السائد والأعم في هذا النوع المسرحي.

وبالفعل، قامت المسرحيات الغنائية في البدايات على الاستعراضات المبهرة والأغنيات التي تعلق في أذهان الجمهور إضافة إلى نجومية أبطالها.

وهناك بعض الآراء حول طبيعة الأغنيات التي تتخلل المسرح الغنائي، كأن يكون لها ضرورة درامية تخدم الصراع، وتساعد على تطوره، وتنمي الحدث الدرامي، وليس على سبيل الترويح أو تزيين العمل المسرحي. بحيث تكون الأغنية في هذا النوع من المسرح بمثابة الفكرة الأساسية في المشهد، لأنها تصبح المشهد، وجوهره، وخلاصته، وهدفه، ودراميته، بمعنى أنه حين تصبح الأغنية هي الأداة المناسبة لطرح كل مساحة الأفكار الدرامية، فإنها تنتج مسرحاً غنائياً بالمعنى الاصطلاحي للكلمة.

4 – الدراما الموسيقية Musical Drama:

اسم أطلق على الأوبرا في بداياتها في مطلع القرن السابع عشر فيقال الدراما الغنائية والدراما الموسيقية، وكانت تستقي موضوعاتها من الأساطير القديمة. وظلت الدراما الموسيقية شكلاً مسرحياً إلى أن جاء ريتشارد فاغنر R. Wagner (1813 – 1883) في القرن التاسع عشر، ونقلها إلى عالم الأوبرا، وأسماها فن المستقبل، واعتبرها بديلاً عن الأوبرا التقليدية، لأنها فن شامل يجمع بين الموسيقي والشعر

وتقنيات المسرح. ومن أمثلتها رباعية «خاتم النبيلونج – The Ring of the Nibelung»، و«تريستان وإيزولده – Tristan and Isolde».

ويرى البعض أن الدراما الموسيقية تجمع بين فنون الأوبرا، لكنها تعلي من شأن الدراما، فهي نصوص مسرحية معالجة موسيقياً، وتعتمد على الحبكة والصراع القوي والأبعاد الفلسفية الدرامية.

5 – الفودفيل Vaudeville:

تمخض عن ظهور فن الأوبرا أنواع منها «الفودفيل» الذي ظهر إبان القرن السابع عشر واستمر حتى بدايات القرن العشرين. ويعود الاسم إلى المنطقة التي نشأ بها في فرنسا، ويرجع أصل الكلمة إلى فال دي فير وتعني أغنيات من وادي فير، وبعد تحويرها أصبحت الفودفيل. وقد تطور هذا النوع عبر الأزمنة محتفظاً بمعناه العملي لكل كوميديا خفيفة. ويرتبط الفودفيل في أصله بنوع غنائي يتميز بالمرح والتهكم والمكر، وكان في بداياته يقدم في شكل كوميديات فودفيلية ساخرة مستمدة من الأحداث الجارية والنكت الذائعة مصحوبة بأغنيات الفودفيل والمشاهد الراقصة.

6 – الكوميديا الموسيقية Musical Comedy:

تطلق على عروض المنوعات ذات الطابع الدرامي والاستعراضي، وتندرج تحت مفهوم المسرح الغنائي، حيث تجمع بين الغناء والرقص والحوار والاستعراض. ويلعب الجانب البصري

الدور الأهم والأبرز في العرض على حساب الجانب الدرامي، وتعرف باسم مؤلف الموسيقى وليس مؤلف النص، وكانت الكوميديا الموسيقية تقترب من الأوبرا الهزلية والأوبريت، والأنواع الموسيقية التي ظهرت في القرن التاسع عشر كالفودفيل، و«البرليسك – الهزلية» Burlesque، لذلك يصعب تمييزها أحياناً عن هذه الأشكال. ونظراً إلى أن كلمة كوميديا هنا تستخدم بمعنى مسرحية وليست لفرضية الإضحاك، لذا سقطت الكلمة عن التسمية لاحقاً، فصار يطلق على هذه النوعية الدرامية صفة الموسيقي فقط فيقال «ميوزيكال» Musical. وحقيقة الأمر أن الكوميديا الموسيقية تطورت من خلال فنون الأوبرا والأوبريت، ووصلت إلى أوجها، وانتقلت منهما فيما بعد إلى السينما، وحققت نجاحاً مذهلاً. فأصبحت تعبر عن الأعمال الموسيقية الاستعراضية سواء في المسرح أو السينما.

7 – ميوزيكال Musical:

كلمة تم تعريبها كما هي، وتطلق عادة على المسرحية الموسيقية والكوميديا الموسيقية، وتتميز بالإبهار، وحظيت عروضها بنجاح جماهيري كبير، مما أدى إلى انتقال عرضها على شاشة السينما مثل عروض الميوزيكال الشهيرة «قبليني يا كيت» عن رواية شكسبير الساخرة «ترويض النمرة»، و«هاللو دوللي» للمؤلف الأمريكي كول بورتر، وكوميديا برنارد شو «بيجماليون»، كذلك «قصة الحي الغربي» التي لقيت انتصاراً عظيماً للميوزيكال بوصفه نوعاً من أنواع المسرح الغنائي وحصلت على جائزة الأوسكار سينمائياً، واعترف بها بوصفها أحد أروع أعمال السينما الأمريكية، وسواها.

8 – الأوبريت Operette:

هي تصغير كلمة أوبرا، وتدل على نوع غنائي شعبي لا يخضع للقواعد الموسيقية الصارمة التي نجدها في الأوبرا، وألحانها الموسيقية غنائية سهلة وسريعة الحفظ مستوحاة عادة من البيئة، وتحتوي حواراً كلامياً، يطرح موقفاً درامياً فيه فكاهة وتتخلله مقاطع غنائية خفيفة. ظهر في القرن التاسع عشر بوصفه أحد الأشكال التي تطورت إليها الأوبرا الكوميدية Comic Opera أو الهزلية Opera Buffa، والفودفيل، ثم صارت نوعاً مستقلاً له طابع عاطفي وخفيف، فرض نفسه بقوة في المدن الأوروبية. ومنذ ولادة فن الأوبريت شكل منافسة حقيقية للمسرح الدرامي، وتطور في فرنسا مع جاك أوفنباخ J. Offenbach (1819 – 1880)، وفي النمسا مع كل من فرانز ليهار F. Lehar (1870 – 1948)، ويوهان شتراوس J. Strauss (1825 – 1899) الذي أدخل «الفالس» عليها. أما ألمانيا فازدهرت فيها الأوبريت وبخاصة في برلين منذ نهاية القرن التاسع عشر حتى عشرينيات القرن المنصرم، واعتبرت من الأنواع الاستعراضية الناجحة التي تلقى قبولاً من المتفرجين من مختلف الطبقات الاجتماعية.

وفي العالم العربي سمحت الذائقة الجمالية للغناء باستيعاب الأشكال والأنواع المسرحية الموسيقية والغنائية ومن ضمنها الأوبريت، وانتقل المغنون والمنشدون إلى عالم المسرح، في مقدمتهم سلامة حجازي الذي يعتبر «أبو المسرح الغنائي» في مصر. وكان صاحب مدرسة غنائية جديدة حيث نقل الأغنية من التخت الشرقي إلى المسرح وأصبحت جزءاً من العمل الدرامي، كما تمتع بصوت قوي رخيم،

فارتقى بالمسرح الغنائي بمختلف عناصره، وترك للموسيقى العربية تراثاً ضخماً من المسرحيات الغنائية، ومن شدة إعجاب الإيطاليين بفنه وبصوته، أقيم له تمثال في مدينة نابولي. وسار على نهجه كل من منيرة المهدية، وسيد درويش، كامل الخلعي، داوود حسني، زكريا أحمد. ولاقى المسرح الغنائي اهتماماً، وحظي الأوبريت رواجاً كبيراً في مصر، فمعظم موضوعاتها شعبية وعاطفية تتلاءم مع معظم الأذواق. واستقت الأوبريت العربية أطروحاتها من المؤلفات والنصوص الأجنبية المعروفة، ومنها «غادة الكاميليا»، «كارمن»، أو من الموضوعات التاريخية مثل «كليوباترا».

ومن الأوبريتات الشهيرة «العشرة الطيبة» التي أنتجها نجيب الريحاني ولحنها سيد درويش وأخرجها عزيز عيد، وفي إعلان العرض أسموها «أوبرا كوميك» أي الأوبرا المضحكة، (وهي نوع من الأوبرا ظهر في فرنسا في القرن الثامن عشر، يحتوي على حوار كلامي بجانب الغناء والموسيقى، وموضوعاته جادة أو هزلية)، وهذا يؤكد إشكالية المصطلح وتداخله حتى مع من يقدمونه من المبدعين سواء مسرحيين أو موسيقيين.

ثانياً: الجانب التطبيقي:

ننطلق من الإطار النظري وما يحمله من إشكالية حقيقية للمصطلح، إلى التطبيق العملي.. وهنا نجد أنفسنا أمام عدد من العروض التي تحتوي على الغناء، وقد تصنف مسرح غنائي أو غيرها من الأنواع وفقاً لتعددية استخدام المصطلح من هذه الأنواع المسرحية.

– العرض الأول: «حلم ليلة صيف» عام 2015:

هذا العرض من إخراج مازن الغرباوي، وموسيقى: أحمد مصطفى ديدو، وتوزيع: إلهامي دهيمة، وأشعار: مصطفى سليم، واستعراضات محمد عاطف، وهو عرض يسبح بنا في العالم الشكسبيري الحالم بين الواقع والخيال في إحدى ليالي الصيف الحارة بكل ما فيها من رغبة وتمنٍّ وحب في لحظة إبداع للكوميديا الموسيقية، ويجول بخاطرنا نحو العمل الأوركسترالي الشهير الذي يحمل الاسم نفسه للمؤلف الموسيقي الألماني فيلكس مندلسون الذي كتبه عام 1826.

تضمن العرض المصري «16» لوحة احتلت الموسيقى الجانب الأكبر باعتبارها أحد الأبطال وأساس الاستعراضات والأغنيات وحتى الأداء المنغم «الرسيتاتيف – Recitative» الذي تخلل بعض أجزاء العمل الدرامي.

وارتكزت الموسيقى على الإيقاعات بشكل كبير وبخاصة الآلات الغربية وفي مقدمتها الطبول «الدرامـز»، كذلك وظف الإيقاع بضربات الأيدي والأرجل بتناسق وتكرار أثر على المتلقي في تدعيم بعض الأداء الحركي الإيقاعي، والتوزيعات اعتمدت على توليفة من الآلات الموسيقية المتعددة أضفت ألواناً صوتية متغيرة على بعض الأغنيات والجمل الموسيقية التقليدية لكنها تماشت مع الجو العام والأداء الاستعراضي، واعتمد المؤلف على آلات «الساكس»، و«الهارب» و«الفيولينة» و«البيانو» و«الأكورديون»، كما وظف آلة «الأبوا» بتأثيرها الدرامي.

كما يزخر العرض بالألحان الموسيقية والأغنيات الدرامية المعبرة سواء عن الواقع برومانسيته الحتمية لمشاعرنا بوصفنا بشراً، أو الخيال بكل ما يمنحه من خصوبة أفكار وارتجالات. وكانت أغلب الألحان إما راقصة تتناسب مع الجو الموسيقي العام للمسرحية والأداء الاستعراضي، أو أداء رومانسي يميل إلى الهدوء بعض الشيء، منها «ما أشد ألمي» رباعية، «أنا غاضب» يغنيها ملك الكائنات عند غضبه، أغنية باللغة الإنجليزية عبرت عما يحدث في الغابة ليلاً. وثنائية عاطفية غنائية «قلبي»، وأغنية جاز. كما وظف «الأكابيلا A cappella» وهي الغناء بالصوت البشري من دون مصاحبة آلية في بعض المشاهد المسرحية، كذلك استخدام الصوت المستعار في الأداء الغنائي، والتعامل مع الموسيقى بوصفها مؤثراً صوتياً في الانتقال بين الأحداث.

موسيقى العرض مسجلة لاحتياج المؤلف إلى مؤثرات صوتية تتماشى مع القصة الخيالية معبرة عن الكائنات الغريبة، والموسيقى لم تسر في اتجاه واحد، وإنما اختلفت تبعاً للأحداث والمشاهد، فنجد أغنية عاطفية، وغيرها درامية، وقد يتشارك في الغناء اثنان أو ثلاثة أو أربعة من الممثلين. ويرى المخرج أن عرضاً فانتازياً يندرج تحت صنف الكوميديا الموسيقية.

– العرض الثاني: «المتفائل» عام 2019:

هذا العرض من إخراج إسلام إمـام، وموسيقى هشام جبر، واستعراضات ضياء شفيق، وهو مستلهم من رواية «كانديد» للكاتب

الفرنسي فولتير وأفكاره ودفاعه عن الحريات وكرامة الإنسان وطرحه للمعاناة التي عاصرها ليعبر عن مأساة العديد من البشر الناتجة عن «زلزال لشبونة»، و«حرب السنوات السبع»، فجاءت أفكاره تحمل كثيراً من السخرية والنقد، أما المسرحية فابتعدت عن طرح فولتير، ومالت إلى الرمزية السياسية في بعض الأحداث الجارية في غياب للنص الحقيقي عن العرض.

جاءت الموسيقى معبرة عن إحساس الرومانسية بين البطلين كوندا وكانديد، والمصاحبات الموسيقية لبعض المشاهد المسرحية باستخدام الأوركسترا والاعتماد على آلات النفخ الخشبية وبخاصة «الأبوا»، والإكثار من «الفلوت» في أكثر من جملة لحنية، أيضاً «السينير»، وآلات النفخ النحاسية عضدت الحالة السمعية جمالياً، كما استخدم الرسيتاتيف أو الإلقاء المنغم. ونجد توظيف الاستعراضات بكثرة في استهلالية العرض وختامه، وأيضاً في سياق الأحداث مثل «لو البشر حبوا الحياة»، «وخالف تقتل» لإثراء العرض بصرياً معتمداً بشكل أساسي على الموسيقى. وقد أضفت الاستعراضات بهجة باكتمال عناصرها الفنية الموسيقى والرقصات مع الكلمات؛ إلا أن كثرتها أطالت مدة العرض وسلبته الإيقاع المحكم والمتوازن، وذلك في محاولة لفرض فكرة العمل الاستعراضي على المسرحية، كذلك تبسيط أداء الممثلين إلى درجة تشعرك أنك في عرض للأطفال يخاطب عقلية لا تتجاوز العشر سنوات، مع أداء افتعالي لفرض حالة كوميدية على العرض أخذت من رصيده.

موسيقى العرض بالكامل تعتمد على الآلات الأوركسترالية

الغربية، لتتماشى مع نص غربي تاريخي، وأبرز فكرتين لحنيتين هما الافتتاحية المتضمنة شذرات من ألحان المسرحية حتى تحدث الألفة للجمهور من تكرار السمع، واللحن الثاني شديد الحزن حينما وصل إلى البطل بالخطأ أن محبوبته رحلت، فكان المشهد سمعياً وبصرياً معبراً عن الشجن، وكان اللحن معبراً عن الحالة الدرامية ولمس قلوب المشاهدين. والموسيقى كلها مسجلة، وسُجل الصوت النسائي وكأنه صوت البطلة، وأيضاً الكورال. ويصنف كعرض موسيقي غنائي يطمح للوصول إلى عرض ميوزيكال من وجهة نظر المؤلف الموسيقي للعرض.

– العرض الثالث: «لحظة حب» عام 2020:

هذا العرض من إخراج: ياسر صادق، وموسيقى عمرو صبحي، وألحان أحمد محيي، وتوزيع الألحان أسامة سامي، وأشعار محمد الصواف.

يتعرض البطل الشاعر لصدمة حب أولية أفرزت كراهية ونفوراً من جنس النساء، فيقرر ألا يقع في براثن القلب المختطف مرة أخرى، ويعاني قسوة المرارة بهجاء النساء في قصائده، لكن إعجابه بالبطلة الفنانة التشكيلية أخذ يتزايد في حالة رومانسية فتبدل الهجاء إلى مدح بأجمل أبيات الشعر والتعبير عن المشاعر الحبيسة في كينونة البشر معلنة انهيار كل الحواجز والمعوقات المادية في إقرار بهزيمتها أمام الرومانسية الحالمة. وارتكز العمل على الموسيقى البحتة بجانب تجليها شعرياً وغنائياً على ثلاثة مستويات في العرض

يمثل كل منها ثنائية تستثير الدفقة الحسية المتوارية في أعماق الروح، باستحضار المعادل السمعي والبصري بالتوازي مع الأداء التمثيلي، فخلق حالة شعورية تتآزر فيها العين مع الأذن لخلق بُعد جمالي يعكس اللهفة والحنين. كما لعب الأداء الحركي في تشكيلات بسيطة راقية لمرافقة الأغنيات العاطفية التي تخللت العرض بتشكيل بصري يتوازى مع حالة الحب بانفعالاتها السيكولوجية المتباينة المجسدة على المسرح.

يتوافق مخرج العرض وموسيقييه وصناعه على تصنيفه كمسرح غنائي، لعبت فيه الموسيقى الحية والأغنيات دور بطولة، والعرض مكون من سبع مقطوعات موسيقية، مقدمة تمهيدية للجو العام للعرض في إيقاع «الفالس الثلاثي»، وهي مشحونة بالانفعالات الحسية من حزن وفرح وما بينهما، وتبعث الموسيقى على روح التفاؤل بتوظيف مقام العجم (السلم الكبير)، وينتقل اللحن إلى شجية في مقام «النهاوند» (السلم الصغير)، ثم العودة مرة أخرى إلى الحالة المبهجة، وهو انعكاس لأحداث العرض في صورة مختزلة موسيقياً. وتمثل المقدمة حالة مهمة قبل بداية العرض، ولعبت الآلتان – التشيللو والفلوت – دور البطولة تجسيداً للثنائية المشهدية للبطلين. شدو آلة الفلوت في مقدمة المشهد السمعي بلحن هادئ رقيق، ويرافقه آلة التشيللو بصوتها الرخيم المتدفق، ويبرز التناقض بجلاء ما بين الصوت الحاد الحالم بالاستقرار والمعلن عن رغبة حواء في الاستقطاب والاحتواء، وما بين الصوت الغليظ المتراجع الحذر في الخلفية تعبيراً عن الحالة السيكولوجية لآدم، فولّدت ثنائية

عاطفية انتقلت بنا من الواقع إلى الخيال والأحلام. بعدها عدد ست مقطوعات موسيقية «شجن» كبداية للعرض وجذب الجمهور، والأداء يتباين بين الفلوت والتشيللو، والثنائية بينهما بتعبير ورؤية مختلفة، «حنين» أثناء تغيير المشهد واستعادة ذكريات الماضي بطابع شجي عاطفي في مقام النهاوند، «مسافر» مقدمة لحنية استبقت أغنية مسافر في تأهيل للغناء، «رومانسي حزين» وعودة البطلين إلى نفس الحالة الشعورية، «حزين» درامية شجنية في مقام الصبا تأكيداً لحالة الفراق، ولعب التشيللو دوراً كبيراً في تعميق الحدث، «عتاب» تعكس حالة البطلة وانفعالاتها بمبالغة من آلة الفلوت.. كل مقطوعة عنوانها معبر عن لحنها، وتعتبر خلفية للجو الدرامي العام.

كما تضمن العرض ست أغنيات أداء مؤمن خليل ونانسي جمال، أولها «في عنيكي» باستخدام الجيتار والأكورديون في مقام النهاوند بإيقاع ملفوف، «جوا اللقا» بشاعرية درامية بإيقاع واحد كبير في مقام الحجاز، «جميل مسافر» رومانسية الطابع بروح غربية من التوظيف الآلي المعتمد على جيتار فولك وإلكتريك وفيولينة، «من قبل الأوان» من أهم الأغنيات في العرض وتؤديها آلات الفيولينة والبيانو في مقام النهاوند، «نص التفاحة» توزيع حديث يعتمد على إيقاع الهاوس وموسيقى إلكترونيك في مقام كورد، «وبتمر ثواني» أغنية رقيقة حالمة يؤديها البيانو وآلات الفيولينة بإيقاع هادئ. وظفت الموسيقى والأغنيات بأبعاد جمالية لتأجيج الحالة الرومانسية والارتقاء بأحاسيس الجمهور من عالم المحسوس بمادياته إلى اللامحسوس بمثالياته.

– العرض الرابع: «طقوس العودة» عام 2021:

هذا العمل من إعداد وإخراج سعيد سليمان، وموسيقى وألحان أحمد الحجار، وأشعار مسعود شومان، وفكرة العرض مأخوذة عن الحكاية الشعبية «حسن ونعيمة»، وهو ما يجعله يمثل تحفيزاً جديداً للفولكلور، وبُني العرض على فن الموال الشعبي، ومستوحى من الأغنيات الشعبية التراثية، وتدور القصة في إطار اجتماعي عاطفي ليقص لنا كيف تحطم قلبا حسن المغنواتي ومحبوبته نعيمة على أنقاض العادات والتقاليد البالية، فالغناء جزء لا يتجزأ من تكوين الشخوص. ويبدأ الحكي بالغناء عن نشأة علاقة الحب حينما سمعت غناء حسن في فرح وتمنت الغناء مثله، وكان الغناء بمثابة طوق نجاة لها في منزلها المفعم بالعادات والتقاليد التي تمنع وتحرم بانغلاق فكري وجسدي وروحي، وبعد رفض أهلها تهرب وتترك منزلها، وعند منزل حسن تتعلم الغناء والحب والحرية والموسيقى على يديه، ويعلم أهلها بذلك فتتم مؤامرة للتخلص من حسن بقتله بل وذبحه.

اعتمدت الألحان على «الريستاتيف» في سرد وقائع الحكاية من جانب، والجانب الآخر على (التطريب والغناء الشعبي) الذي يرتكز على قوة الصوت في تدرجاته وطبقاته، أيضاً المونولوج النفسي أحياناً لشخصية حسن في أداء الموال والجمل التطريبية، وتم استثمار جمال صوت الأبطال داخل العرض الغنائي.

واعتمد العرض على الفنون الشعبية التراثية الموسيقية كالموال، الأغنية الشعبية، الموالد. وكانت الآلات الموسيقية الشعبية موزعة على

جانبين؛ فرقة موسيقية مصغرة مكونة من (العود والربابة والإيقاعات سواء دفاً أو طبلة)، والثاني الممثلين ذاتهم، حسن يعزف العود والدف، نعيمة تعزف على الكمان. وساد التناغم بين الجانبين ليكملا بعضهما بعضاً من خلال جملة موسيقية واحدة. كما ساعدت آلة الربابة على تأصيل البعد المكاني جغرافياً. وكانت الموسيقى والغناء حية غير مسجلة، وعلى مقربة من حلقة الجمهور. واستفاد الملحن والمؤدون من تكنيك الارتجال الشعبي سواء في غناء الموال (يا ليل يا عين) أو العزف الحر والتقسيمات على العود، بل أحياناً يصل إلى عزف ثنائي أشبه بالتنافس على الارتجال بين عود الممثل وعود الملحن.

ويصنف المخرج العرض بوصفه أوبريت لإعطاء مساحة كبيرة من الغناء والموسيقى بجانب الحوار العادي، ويرى أن الغناء والموسيقى في هذا النوع لا بد أن تكون من صميم البناء الدرامي ومن صميم الشخصية، ومن الممكن أن تتحول بعض الحوارات الكلامية إلى غناء ملحن، وهذا ما تم بالفعل في العرض، حيث الانتقال بين الكلام والغناء بسرعة.

– العرض الخامس: عرض تشارلي عام 2023:

هذا العرض من إخراج: أحمد البوهي، وألحان إيهاب عبد الواحد، وتوزيع وموسيقى تصويرية نادر حمدي، وأشعار: مدحت العدل، تصميم استعراضات: عمرو باتريك.

«شارلي» مسرحية موسيقية استعراضية غنائية، تكاتفت فيها عناصر الإبهار، وتعاملت مع المتناقضات، فمن بين الألم يولد الأمل،

وهكذا استعرضت المسرحية محطات تحول حقيقية في حياة شخصية تشارلي، سابحة في أغوار الأبعاد السيكولوجية والنفسية للشخصية، في إطار يغلب عليه المرح والفكاهة، بعيداً عن الطابع التراجيدي. والعرض يحفز مشاعر الجمهور بالموسيقى سواء في المشاهد الدرامية وما رافقها من ألحان، أو الغناء المستمر في العرض مع توظيف الاستعراضات. وقد تباينت آراء صناع العرض ونقاده حول تصنيفه، فيرى البعض أنها مسرحية غنائية استعراضية، والآخر يراها عرض ميوزيكال، كما يدرجها آخرون كعرض موسيقي.

العرض يضم اثنتين وعشرين لوحة، وتميزت الموسيقى بالتعبير عن المشاعر الدرامية المتباينة، وقد وضع المؤلف الموسيقى تيمة لحنية لبناء موسيقى العرض، وقام بتحويل الحوار الكلامي إلى حوار مغنى، ليصبح الكلام العادي قليلاً جداً، ويقول صناع العمل إنه أول عمل موسيقي غنائي بمعناه الحقيقي من وجهة نظرهم. الموسيقى الشخصية الأساسية في العرض، وتعتمد على الأوركسترا مضافاً إليها الدرامز والساكسفون، وآلات جاز، وتم تسجيل الموسيقى في فرنسا ومقدونيا لاحتياجهم إلى ناتج سمعي معين، أيضاً كانت الاستعراضات بطلاً رئيساً متضمنة في لوحات العرض.

من أبرز موسيقى عرض تشارلي لوحة «الحرب والسلام» حيث قدم المؤلف نفس اللحن مع تغيير مقامي، فعبر عن الحرب بمقام النهاوند، وعبر عن السلام والسعادة والفرحة بمقام العجم، أيضاً ما يلفت النظر لوحة «إحنا ملوك الشوارع» التي قدم لحنها خمس مرات بتباين توظيفي، فنجدها مرة للسيرك، وأخرى حزينة، وبعدها مقسوم

راقص، ثم مضحكة كوميدية، وآخرها مبهجة في صياغة حديثة. كما أضاف التغيير المقامي على اللحن نهاوند، كرد، حجاز، عجم، طابعاً مزاجياً يتماشى مع توظيفه الدرامي.

– العرض السادس: «ولا في الأحلام» عام 2023:

هذا العرض من إخراج: هاني عفيفي، وموسيقى وألحان وكلمات: إبراهيم موريس، تدور أحداث المسرحية في حي شعبي إبان فترة الستينيات من القرن العشرين، وتناقش موضوعات اجتماعية مثل الحب والخيانة والبحث عن المال، من خلال الأخوين برجل وسفرجل، في إطار كوميدي ساخر، ولمحاولة تحقيق آمالهم، يقوم برجل بتحضير مركب دواء للتأثير على العقل الباطن للإنسان ليحقق في أحلامه كل الأمنيات، وحينما يقوم الأخ بتجريب هذا المركب تتحول الشخوص بعاداتها وسلوكها إلى النقيض من خلال مشاهد كوميدية، فالعرض غنائي استعراضي، يغلب عليه المرح والفكاهة والاعتماد على الأسلوب التهكمي الساخر، ويجمع بين الواقع المعاش والخيال الذي يتحقق في عالم افتراضي في الأحلام، بينما تعكس واقعية الأحداث الحياة النمطية التقليدية في المجتمع المصري، فيشعر المتلقي بحالة من الألفة بينه وبين الأحداث.

المسرحية تحتوي على 16 مشهداً خلال الفصلين، وتتضمن مقطوعتين موسيقيتين هما الأكثر بروزاً، الأولى «ولا في الأحلام» تقدم ثلاث مرات في العرض، أول مرة بوصفها افتتاحية موسيقية فقط، ثم بوصفها أغنية أثناء مشهد الأخوين والكلمات تتماشى مع

حالة الدراما، في شرح السبب الباطني وراء التفكير في صنع مادة كيميائية نتيجة لفقده حبيبته في الماضي، وبالتالي لجأ إلى الفكرة حتى يستطيع رؤية محبوبته في الأحلام، مدعياً أن الواقع في حاجة إلى تغيير وعدم القدرة على إحداثه، فنستطيع رؤية ما نرغب فيه في أحلامنا، إذ بمقدورنا أن نغير الأحلام أسهل من الواقع، وثالث مرة حينما يستيقظ سفرجل ويروي لشقيقه ما رآه في الحلم في منتصف العرض، وكأنها التيمة الأساسية التي تصاحب العرض، وتؤدي بآلات غربية بمرافقة الأوركسترا في ميزان رباعي، والتوزيع كلاسيكي سيمفوني، والإيقاعات والجيتارات أعطت طابع موسيقى الروك المسرحي Theatrical Rock، الذي يرتكز على دمج آلات الجيتار والدرامز والبيز مع آلات الأوركسترا، وتعبر عن مرحلة الستينيات لكنها تعتبر لوناً جديداً غير مألوف للمجتمع المصري، لكنها تعكس مدى تأثر المؤلف بها. أما المقطوعة الموسيقية الثانية «لما جوزي مات» السيدة الأرملة بعد أن طالبها الديّانة بدين زوجها الذي رحل، في الحلم كل شيء قابل للحدوث، وتكرر ثلاث مرات في جرأة من المؤلف، فقد يصيب الجمهور ملل، لكن التوظيف الدرامي لمواقف مختلفة في سياق واحد، جعلها متقبلة في الإطار الكوميدي الساخر. ويعتبر مشهد استيقاظ سفرجل وهو مع جميلة، من أصعب المشاهد الموسيقية في التنفيذ، نظراً إلى متطلبات المسرح، واستطاع المخرج السيطرة عليه باستخدام الإضاءة، والمؤثرات الصوتية، والسيمبال بأسلوب Reverse Sembal لإعطاء رنين صوتي مختلف يؤكد على درامية هذا المشهد.

كما أضفت الآلات الإيقاعية الشرقية الطبلة «الدربكة» و«الدهلة»،

مع الدفوف، طابعاً شرقياً مغايراً حين وظفها لأداء إيقاعي المقسوم والملفوف في بعض الأجزاء البسيطة لخدمة الأحداث الدرامية، وبرغم عدم توظيفه للآلات الشرقية المعتادة للتأكيد على المجتمع المصري، إلا أنها أثرت إيجابياً على المتلقي. واعتمد على الموازين الرباعية والثنائية في صياغة جمله اللحنية، التي عبرت عن حالة النص الدرامي بمشاعر البهجة والحزن والتوتر. وكانت الموسيقى بالكامل مسجلة، إلا أن الغناء كله غناء حي من الممثلين، حتى أداء الكورال أو استخدام الهمينج Humming (وتعني صوت يصدر عن طريق إنتاج نغمة بدون كلمات أثناء إغلاق الفم، ما يجعل الصوت يشبه الطنين حين يخرج من الأنف) في بعض المشاهد فكان الأداء الصوتي بأكمله أداءً طبيعياً.

ويصنفه المؤلف الموسيقي على أنه عرض ميوزيكال، بالاعتماد على الحوار والغناء النابع من عمق الدراما وفي خدمتها، وهو ما يتشابه مع البرليسك «Burlesque» وتقوم الموسيقى والغناء والرقص بدور أساسي. فيما تباينت آراء تصنيفها ما بين غنائي استعراضي، مسرحية غنائية كوميدية، وما بين الفودفيل.

سمات المسرح الغنائي:

من واقع استعراض الأعمال المسرحية السابقة يمكن أن نخلص إلى أن للمسرح الغنائي بعض السمات منها:

* تنوع حضور الأغنية بأنواعها، سواء تطريبية أو درامية داخل إطار النص، أو فواصل بين مشاهد العرض.

* تأتي الأغنية في كثير من الأحيان في المرتبة الأولى في هذا النوع المسرحي استباقاً لدور الدراما.

* تحظى النصوص الشعرية بمكانة كبيرة في المسرح الغنائي، سواء شعراً عامياً أو فصحى.

* يعتبر المسرح الغنائي أكثر شمولية عن غيره من الأنواع المسرحية الأخرى، فهو زاخر بالموسيقى والاستعراضات والغناء، والأداء الحركي والصورة البصرية المتكاملة من حيث الديكور والأزياء والإضاءة.

* تتصدر الموسيقى والغناء بقية العناصر المسرحية.

* يكون مؤلف المسرحية أحياناً هو كاتب أشعار الأغنيات المتضمنة، وبالتالي تسري في نسيج عضوي متكامل.

* ليس من الضرورة أن تتضمن إرشادات النص المسرحي الجانب الموسيقى، فهي تعبر عن وجهة نظر صناع العرض.

* تعتمد المسرحيات الغنائية على توظيف بعض العبارات الشائعة، أو الألحان الموسيقية الشعبية، أو المواقف الساخرة، مما يجعلها تقترب من الجمهور وتحقق حالة من الألفة، دوناً عن غيرها من الموضوعات المسرحية سواء التراجيدية أو الميلودرامية.

أوجه الإفادة المتبادلة بين المسرح والموسيقى:

تتحقق الإفادة لكل من المسرح والموسيقى نتيجة تلاقح المجالين في عدة نقاط أهمها:

– المسرح باعتباره أبو الفنون ينضوي تحت رايته كل العناصر الفنية ومن ضمنها الموسيقى، وما يستتبعها من غناء، ما يفتح آفاقاً للمؤلفين الموسيقيين للعمل بمجال المسرح.

– عدم خضوع المؤلف الموسيقي للأشكال الموسيقية الرائجة، بل حسب الفكرة الدرامية المطروحة، ما قد يفرض عليه التعامل مع أشكال وأساليب موسيقية متباينة، ما بين التقليدي والحديث.

– يستفيد المسرح بحالة الثراء السمعي، فهو فن سمعي بصري يجمع ما بين الحسنيين، وبالتالي فالموسيقى تمثل حالة درامية مضافة للمسرح.

– الأعمال المسرحية التي تأخذ من الموسيقى عنصراً حيوياً في بنائها، تلقى رواجاً جماهيرياً أكثر من غيرها، نتيجة لتفاعل الجمهور مع الموسيقى باعتبارها فن محبب وقريب من عموم البشر مع اختلاف أجناسهم وتوجهاتهم وأفكارهم ومزاجهم.

– كلا المجالين له جمهوره ومرتاديه، حين يحدث التماهي، يكسب كل منهما جمهور الآخر.

– تعددية الأنماط الموسيقية المستخدمة، وتعريف جمهور المسرح بمؤلفين موسيقيين جدد ومطربين جدد يفتح لهم المجال في خوض فن آخر.

– اكتشاف مواهب فنية مسرحية وموسيقية يخدم كل منهما الآخر، كما في مسرحية ولا في الأحلام، التي استعرضت أصواتاً غنائية أعتبرها إضافة لعالم الغناء.

- توظف الموسيقى درامياً لإضفاء حالات تعبيرية وسيكولوجية تخدم النص الدرامي، وتستكمل أحاسيس ومشاعر قد لا يستعرضها النص.

- تضفي الموسيقى حالة جمالية وحسية على العرض، وبالتالي فهي جزء مكون من النص، وحالة وجدانية وجمالية للعرض.

- طبيعة بناء الدراما المسرحية تعطي فرصة لا توفرها الأغنية الفردية لتقديم قوالب موسيقية مختلفة مثل الديالوج والتريالوج، والموال، وهو في حد ذاته فرصة للإبقاء على بعض القوالب التراثية القديمة.

- المواقف الدرامية في الأعمال المسرحية تفسح المجال أمام أفكار غنائية ربما غير مطروقة في الأغنية الفردية، كما تتيح المجال لاكتشاف إمكانات ومهارات تمثيلية أو استعراضية لدى المطرب بجانب الغناء.

- الأغنية المسرحية هي في ذاتها عنصر ملهم للمخرج المسرحي لتقديم معادل بصري يسهم في عملية الإبهار التي هي غاية كل عمل فني.

- تعطي الدراما المسرحية بما فيها من إيقاع وصراع وتصاعد، حيوية في صياغة الجمل الموسيقية، وقد حرر المسرح الغنائي وخاصة في بدايات القرن العشرين الموسيقى العربية من الإرث العثماني القائم على التطريب.

الخاتمة:

* تظل إشكالية المصطلح عاملاً مربكاً لكل من يتصدى لمثل هذه النوعية من الدراسات رغم وجود تعريفات اصطلاحية محددة داخل بعض القواميس الفنية، إلا أن واقع التجربة العملية يؤكد أنه لا اتفاق على تعريفات صارمة لكل هذه المصطلحات، فإذا سألنا مجموعة من المسرحيين عن توصيفهم لعرض مسرحي ما ذهب كل واحد منهم إلى توصيف مغاير للآخر، ما يعنى تداخلاً واضحاً بين التعريفات والمصطلحات وعدم وجود فوارق ثابتة، لكن تبقى في النهاية حقيقة كبرى، وهي أن كل هذه التعريفات متضمنة في مصطلح المسرح الموسيقي.

* الغناء يرتكز على لحن موسيقي، فلا يوجد غناء بلا موسيقى، فهو جمل كلامية تحملها صياغة موسيقية قائمة على لحن وإيقاع.

* كان للترجمة أثرها السلبي على زيادة إشكالية المصطلح.

* إشكالية المصطلح ليست وليدة الوقت الراهن، وإنما ترجع لما يزيد على قرن، حين قدمت العشرة الطيبة كأوبريت وأطلق عليها مخرجها «أوبرا كوميك»، وهو ما يؤكد هذه الإشكالية واستمراريتها.

* في ظل تنامي تيار ما بعد الحداثة في السنوات الأخيرة أصبح مقبولاً مثل هذا التداخل والمصطلحات بحيث يمكن توصيف العمل تحت أكثر من مسمى، وفقاً لوجهة نظر صناعه ومشاهديه على السواء.

* المسرح الموسيقي أدق وأشمل ويستوعب العروض المسرحية الغنائية، وأيضاً العروض التي تحتوي على موسيقى فقط، التي أظنها غير موجودة في التجارب العربية.

* إذا كان التعبير الأشمل هو المسرح الموسيقي إلا أن الاصطلاح الأقرب إلى وعي الجمهور العربي هو المسرح الغنائي على اعتبار أن الأغنية عنصر جاذب للمتلقي الشرقي وفقاً لذائقته السمعية المتجذرة في تاريخه الطويل.

* عودة الاهتمام بالمسرح الغنائي في ظل تكاملية الفنون، وتداخل المجالات الفنية وهدم الفواصل فيما بينها.

* لا يوجد نموذج ثابت لا يتغير، فكل فكر وكل تجربة تستدعي نموذجها الملائم وفقاً لطبيعتها الخاصة.

* إن اتساع المحتوى المقدم وتبايناته أصبح يخاطب ذاتية الفرد التي تتشكل وفقاً لكثير من العوامل يصعب حصرها أو توجيهها، لذا تظل هذه الإبداعات خاضعة للمعايير الجمالية لكل عمل على حدة ووفقاً لمتطلباته وتبعاً لجمهوره المتلقي.

* عروض القطاع الخاص رغم التكلفة الإنتاجية الباهظة لديها جرأة أكبر لإنتاج مثل هذه العروض، وتثق في تحقيق أرباح نتيجة للإقبال الجماهيري الكبير، والذى يرجع للعديد من الأسباب منها؛ عدم الغوص في الأبعاد الدرامية ذات العبء النفسي، بجانب أسباب اجتماعية واقتصادية تفرض تبني حالة من الإبداع المغاير

عن الظروف المعيشة بكل ما يحمله من أزمات وتحديات، فيسعى الجمهور باعتباره المستهدف من الاهتمام بهذا الفن المكتنز بالترفيه والمتعة بعيداً عن الأطروحات المركبة شديدة التعقيد.

* رغم أن عنصر الإبهار عادة ما يقترن بمصطلح (الميوزيكال)، وأن الاستعراض إحدى أدوات هذا الإبهار، فإنني أرى أنه ليس بالضرورة أن كل عمل يندرج تحت هذا المصطلح ينبغي أن يضم بين عناصر إبهاره فن الاستعراض، فقد يتحقق الإبهار من خلال عناصر السينوغرافيا أو غيرها.

* في النهاية فإنني أميل إلى أن جميع هذه العروض تندرج تحت مصطلح المسرح الغنائي، رغم الاختلافات أو المسميات المتعددة التي تبناها صناع تلك الأعمال. وربما سوف تفرز التجربة مع تراكمها في السنوات القادمة تعريفات أكثر دقة، وحدوداً فاصلة بين كل هذه المصطلحات.

قائمة المراجع:

– إبراهيم حمادة: معجم المصطلحات الدرامية والمسرحية، مكتبة الأنجلو المصرية، الطبعة الثالثة، القاهرة 1994.

– أحمد بيومي: قاموس الموسيقى، الهيئة العامة للمركز الثقافي القومي، الطبعة الأولى، القاهرة 1992.

– إيريكا فيشر ليشته: جماليات الأداء نظرية في علم جمال العرض، ترجمة وتقديم مروة مهدي، مراجعة ناهد الديب، المركز القومي للترجمة، القاهرة، الطبعة الأولى عام 2012.

– توماس مونرو : التطور في الفنون، الجزء الأول، نقله إلى العربية عبد العزيز توفيق جاويد، محمد علي أبو درة – لويس إسكندر، راجعه أحمد نجيب هاشم، الهيئة العامة لقصور الثقافة، سلسلة ذاكرة الكتابة، القاهرة، عام 2014.

– ثروت عكاشة: الزمن ونسيج النغم، الهيئة المصرية العامة للكتاب، الجزء الرابع عشر، الطبعة الثانية، القاهرة 1996.

– ثيودور. م. فيني: تاريخ الموسيقى العالمية، ترجمة سمحة الخولي، جمال عبد الرحيم، إعادة طبع، الهيئة العامة لقصور الثقافة، الجزء الأول، القاهرة 2015.

– حسام الدين زكريا: المعجم الشامل للموسيقى العالمية، الجزء الثاني الأعلام، الهيئة المصرية العامة للكتاب، القاهرة 2010.

– سمحة الخولي: القومية في موسيقى القرن العشرين، المجلس الوطني للثقافة والفنون والآداب، الكويت، 1992.

– عادل كريم سالم : معالجة الجوقة بين تقاليد المسرح الإغريقي والرؤية الإخراجية المعاصرة، مجلة جامعة بابل للعلوم الإنسانية، مجلد 22، العراق، 2014.

ـ غطاس عبد الملك خشبة: المعجم الموسيقي الكبير، المجلس الأعلى للثقافة، القاهـرة، المجلد الأول، 2003، المجلد الثانـي 2004، المجلد الثالث 2005، المجلد الرابع 2006.

ـ فاضل خليل: مقال صحيفة الحوار المتمدن، بتاريخ 2021/9/13.

ـ مـاري اليـاس، حنان قصاب حسـن: المعجم المسـرحي مفاهيـم ومصطلحات المسرح وفنون العرض، مكتبة لبنان ناشرون، الطبعة الأولى، لبنان 1997.

المسرح الموسيقي
في مصر (1953 – 2023)
التوجهات والإشكاليات

• د. ياسمين فراج – مصر

بين فضاءات الحركة والصوت خرجت لنا العروض المسرحية عبر تاريخ البشرية ممزوجة بالموسيقى والغناء والرقص، وقد كانت منطقة الشرق الأوسط التي تضم ثلاث من أهم الحضارات القديمة مهداً لنشوء فن المسرح الموسيقي الذي دون على الجدران والمسلات والأحجار. وبالرغم من أن أولى كتب التنظير للمسرح خرجت من الحضارة الإغريقية في القرن الرابع قبل الميلاد على يد الفيلسوف أرسطو بكتابه الشهير «فن الشعر» إلا أن البدايات العملية لفن المسرح الممزوج بالموسيقى خرجت من حضارات المنطقة العربية، «وبرغم أن المسرح الشرقي القديم يختلف في شكله ومضمونه عن المسرح الإغريقي إلا أن الينابيع السرية للمسرح الشرقي القديم (الرافدين والمصري والشامي تحديداً) تنبع أساساً من الدين والشعر، فدراما عشتار وتموز الرافدينية ودراما إيزيس وأزوريس المصرية ودراما عشتروت وأدونيس السورية كانا من مادة دينية شعبية مصاغة بالشعر، وبسبب من التمثيل العفوي الشعبي لها أخذ المسرح في بدء نشوئه شكلاً احتفالياً وكان الدين والشعر جوهراً متداخلاً له[1]».

كانت الحضارة المصرية القديمة من الحضارات التي اهتمت بالأدب والمسرح. فمن بين أقدم القطع الأدبية في متون الأهرام كانت

الأناشيد الدينية، وهي عبارة عن تركيب شعري قديم بهيئة أبيات من الشعر الموزون المقفى ظاهر فيه التوان بين كلماته ومعانيه.[2] وفي لوحة (إخرنوفرت) التذكارية المحفوظة في متحف برلين تبين لنا من العناوين المدونة على أن مسرحية مأساة أسطورة الإله أوزير التي كانت تتكون من فصول ثمانية ، كان يجتمع لها كم غفير من أولئك الحجاج الزائرين لذلك المقام المصري المقدس (مقام أوزير) في موسم كانت تمثل فيه أحداث أسطورة الإله في شكل مسرحي يمكننا أن نسميه (مسرحية الآلام) المأساة، كان تمثيلها حتماً يستمر عدة أيام، وأن الأرجح أن تمثيل كل فصل من فصولها المهمة يستغرق على أقل تقدير يوماً كاملاً، وأن الجمهور كان يشترك في كثير مما يحدث في تمثيلها[3].

وبالانتقال إلى العصور الحديثة نجد أن بدايات المسرح الموسيقي كانت مع بداية افتتاح أول دار للأوبرا في مصر عام 1871 للاحتفال بافتتاح قناة السويس، والتي قُدم عليها فيما بعد العديد من الأوبرات والأوبريتات الأوروبية والعربية التي كان لها بالغ الأثر في تكوين معارف جديدة بالموسيقى للعاملين بمجال التلحين آنذاك، تجلى أثرها في ألحان المسرح الغنائي خاصة في التحول من اللحن المونوفوني (ذو الصوت الواحد) إلى اللحن البوليفوني والمصاحبات الهارمونية. وإدماج بعض آلات الأوركسترا السيمفوني مع آلات التخت الموسيقي المصري.

أما المسرح الموسيقي الغنائي في مصر فكانت بداياته على يد فرقة أحمد أبو خليل القباني (1835 – 1903) في مسارح مدينة الإسكندرية

عام 1884، وقد مهد مسرح القباني لميلاد المسرح الغنائي المصري على يد سلامة حجازي (1852 – 1917) الذي عمل في بداية عهده بتقديم «السلامات» والقصائد في بداية ونهاية العروض المسرحية وبين فصولها في فرقة القباني.

وشهد النصف الأول من القرن العشرين نهضة للمسرح الموسيقي الذي كان يعتمد على الأغنيات في المقام الأول ومن أبرز رواد هذه الفترة السيد درويش (1892 – 1923) الذي قدم ألحانه للعديد من الفرق المسرحية في هذه الفترة. ومن الأصوات النسائية كانت منيرة المهدية أول امرأة مصرية تؤسس فرقة مسرحية غنائية كان أول عروضها في يناير 1916، وهي كانت المنتجة والبطلة والمطربة لجميع عروض الفرقة، بل إنها أخرجت بعض تلك العروض لفرقتها. وكانت آخر فرق المسرح الغنائي في النصف الأول من القرن العشرين فرقة المطربة والملحنة (ملك) التي أسستها عام 1930 حيث أنتجت ولحنت ومثلت وغنت، وفي عام 1940 شيدت مسرحاً أطلقت عليه (أوبرا ملك) واستمرت تقدم عليه عروضها للمسرح الغنائي حتى أكتوبر 1952.

تُركز هذه الدراسة على شكل ومضمون أنواع عروض المسرح الموسيقي خلال النصف الثاني من القرن العشرين والربع الأول من القرن الواحد والعشرين وتحديداً في الفترة من (1953 إلى 2023)، وهي فترة زمنية شهدت متغيرات سياسية كبيرة أثرت على المجتمع المصري وفنونه وهو ما وضعنا أمام عدة تساؤلات تتمحور هذه الدراسة للإجابة عنهم وهي:

- ما هي أنواع المسرح الموسيقي التي قُدمت في مصر خلال الفترة الزمنية موضوع الدراسة؟

- ما هي التوجهات الموسيقية في تجارب المسرح الموسيقي المصري خلال هذه الفترة؟

- ما هي أبرز الإشكاليات التي واجهت وتواجه صناعة المسرح الموسيقي؟

الإجابة عن هذه التساؤلات تستوجب تقسيم هذه الفترة إلى مراحل مرتبطة بأحداث سياسية كبيرة غيرت في شكل ومضمون الفن ومنه المسرح الموسيقي.

- المسرح الموسيقي المصري في النصف الثاني من القرن العشرين:

ينقسم النصف الثاني من القرن العشرين والذي يبدأ طبقاً للحدود الزمنية للدراسة من (1953 – 2000) إلى ثلاث مراحل مرتبطة بالأحداث السياسية التي أثرت على المجتمع وانعكست أصداؤها على المسرح الموسيقي، وهي كالتالي:

* **المرحلة الأولى:** من 18 يونيو 1953 إلى 5 يونيو 1967، وهي الفترة من تاريخ إصدار الإعلان الدستوري من مجلس قيادة الثورة بإلغاء النظام الملكي وحكم أسرة محمد علي وإعلان الجمهورية، وحتى الهزيمة العسكرية في يونيو 1967.

أصبح الفن في هذه المرحلة ينحاز للطبقات الكادحة فقط غافلاً

الطبقات الأخرى في المجتمع المصري، وأصبح جمهور المسرح من طبقات البرجوازيين وبقايا الأرستقراطية المصرية. «فقد تشكلت للمسرح في ظل ثورة 1952 العديد من السمات التي لا يمكن لعين أن تخطئها من حيث ارتباطه بالقضايا الإنسانية ذات الملمح الجماهيري، علاوة على ظهور المسرح الملتزم سياسياً المتراوح بين الواقعية الشعرية، والغناء والموسيقى التي ظهرت في معظم عروض هذه الفترة وما بعدها[4]».

أنشأ النظام السياسي لثورة يوليو 1952 جهازاً فنياً هو مصلحة الفنون التابع لوزارة «الإرشاد القومي»، وكان أول من ترأسه الأديب يحيى حقي، وفي عهده تأسست فرقة الرقص الشعبي التي احتضنت جهود فرقة رضا، وقدمت هذه الفرقة أول عرض موسيقي استعراضي وهو عرض «ياليل ياعين» في أوائل سبتمبر 1956 المأخوذ من أسطورة مصرية شعبية. وبهذا الأوبريت فُتحت أبواب الأوبرا لأول مرة لعامة الشعب، وبالرغم من نجاح هذا العرض المسرحي الموسيقي الاستعراضي إلا أنه لم يستمر سوى ثمانية وعشرين ليلة بسبب وقوع العدوان الثلاثي على مصر، حيث أمرت قيادات النظام الحاكم بغلق المسارح والصالات.

* عرض «ياليل ياعين» تأليف: علي أحمد باكثير وزكريا حجاوي. بطولة: محمود رضا، شهرزاد، نعيمة عاكف، ومحمود شكوكو. ألحان: أحمد صدقي وعبد الحليم نوير وإبراهيم حجاج. تصميم رقصات: محمود رضا ونفيسة الغمراوي. قيادة أوركسترا: عبد الحليم نويرة. إخراج: زكي طليمات.

ويعتبر هذا الأوبريت الشعبي باكورة الإنتاج للمسرح الموسيقي في فترة الجمهورية الأولى في مصر وتبعها الكثير من الأوبريتات الشعبية التي أنتجتها مسارح الدولة آنذاك حتى نهاية عام 1967 تقريباً.

يدور النص المسرحي لأوبريت (ياليل ياعين) في أجواء الريف المصري، المناظر والأزياء جميعها فلاحية، اللهجة فلاحية بحرية.

أغنية: يانخلتين في العلالي من الأوبريت الشعبي (ياليل ياعين)

مؤلف الكلمات	عبد الفتاح مصطفى
لحن	أحمد صدقي
المقام الأساسي	هزام (نفس مقام لحن الأغنية الفلكلورية)
الضروب المستخدمة	دويك  يصاحب الغناء الجماعي وحدة كبيرة 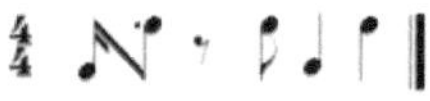 يصاحب غناء المطربة
المؤدي	شهرزاد

– كلمات الأغنية مستوحاة من الفلكلور الغنائي الشعبي المصري حيث تقول كلمات النص الفلكلوري: يانخلتين في العلالي / يابلحهم دوا / يانخلتين على نخلتين/ طابوا في ليالي الهوا)، وقد استخدمت هذه الأبيات نفسها لغناء المجاميع في اللحن المسرحي.

– مقام الهزام من مقامات الموسيقى المصرية ويحتوي على ثلاثة أرباع النغمة، وهو مقام اللحن الشعبي المصري نفسه.

– الإيقاعان المستخدمان وهما: الدويك (أو المقسوم البطيء) والوحدة الكبيرة من الإيقاعات المصرية التي تستخدم أيضاً في بعض الدول العربية ودول منطقة الشرق الأوسط.

وقد ظهرت الأغنيات الفلكلورية في أغلب أوبريتات وعروض المسرح الموسيقي الاستعراضي في الفترة من 1953 وحتى 1967، ومن أبرز الأغنيات المستوحاة من الأغنيات الفلكلورية المصرية في هذه الفترة نذكر التالي:

- في عرض «ياليل ياعين» ظهرت أغنيات: يانخلتين في العلالي، وموال «ياليل ياعين».

- في عرض «حمدان وبهانة» موسم 1962 – 1963 ظهر موال «أكل البلح»، وموال «أمانة يا للى هواك». والأغنية الفلكلورية: «على حسب وداد قلبي».

- في عرض «وداد الغازية» موسم 1966 – 1967 ظهرت أغنيات: على حسب وداد قلبي، يا جريد النخل العالي، يا وابور الساعة اتناشر . وموال «الطير».

لم تغب ظاهرة الاستعانة بالفلكلور الغنائي المصري في عروض المسرح الموسيقي بعد هذا التاريخ ولكنها تراجعت إلى حدٍ كبير.

* **المرحلة الثانية:** من عام 1967 إلى سبتمبر 1974، وهي فترة الهزيمة العسكرية والمجتمعية.

«اتخذ المسرح مظهرين مترابطين بعد هزيمة 1967 الأول هو ازدهار المسرح التجاري، والثاني ما يمكن أن ندعوه «مسرحيات السلطة» وبقيت أعمال قليلة تبرق كنجوم متباعدة في ليل الهزيمة[5]». وفي تلك الفترة نجد أن أغلب موضوعات المسرح التجاري كانت

بعيدة تماماً عن هموم الواقع وقضاياه، إذ استعان هذا المسرح بنجوم، خالطاً بين الموسيقى والغناء والاستعراض لخدمة موضوعاته وانقسمت إلى مسرحيات مستوحاة من أعمال أدبية وسينمائية عالمية مثل : «سيدتي الجميلة» إنتاج موسم 1969 عن قصة«My Fair Lady» لجورج برنارد شو، وموسيقى في الحيّ الشرقي إنتاج موسم 1971 المأخوذ من قصة الفيلم الأمريكي قصة الحي الغربي إنتاج عام 1961. ومسرحيات تأليف مصري خالص مثل مسرحية (مجنون بطة) إنتاج فرقة الفنانين المتحدين أواخر الستينيات، بطولة أمين الهنيدي وهدى سلطان، أشعار غنائية عبدالوهاب محمد، ألحان بليغ حمدي، إخراج حسن عبدالسلام، وغيرها.

مسرح المقاومة الموسيقي:

ظهرت بعض تجارب المسرح التجاري الوطنية في هذه الفترة وكان أبرزها المسرحية الموسيقية الشعرية (ياسين ولدي) التي قدمتها فرقة تحية كاريوكا عام 1971، تأليف: فايز حلاوة، إخراج: كرم مطاوع، بطولة: تحية كاريوكا، شكري سرحان، أحمد عبدالحليم، عفاف راضي، محمد رؤوف. أشعار: عبدالرحيّم منصور، موسيقى وألحان وتوزيع وقيادة أوركسترا: بليغ حمدي.

ويمكننا تصنيف هذا العرض المسرحي الموسيقي الشعري بأنه من عروض «مسرح المقاومة»، التي سبق وقدمتها فرق النصف الأول من القرن العشرين مثل: منيرة المهدية، ونجيب الريحاني، والسيد درويش، وكانت المقاومة حينها ضد المحتل الإنجليزي. وفي

فترة ما بعد يونيو 1967 كانت بعض المسرحيات ومنها الموسيقية تقاوم الاستسلام للهزيمة العسكرية والانكسار المجتمعي، وتحرض ضمنياً على الأخذ بثأر شهدائنا واسترداد ما أخذ من أرض مصر بقوة الانتصار العسكري الوطني.

الأغنية الافتتاحية للعرض الموسيقي الشعري (ياسين ولدي)

عبد الرحيم منصور	مؤلف الكلمات
بليغ حمدي	تأليف وتوزيع موسيقي
نهاوند ذو الحساس	المقام الأساسي
الوحدة السائرة	الضروب المستخدمة
عفاف راضي ومحمد رؤوف ومجموعة الكورال والممثلين	المؤدي

18
B♭ Tpt.
Tbn.
Cym.
W.
M.
Vln.

26
B♭ Tpt.
Tbn.
Cym.
W.
M.
Vln.

غناء بلا
ياب دي
لا
ياب دي لا
با دي
مصر

ها
ها
ها
ها

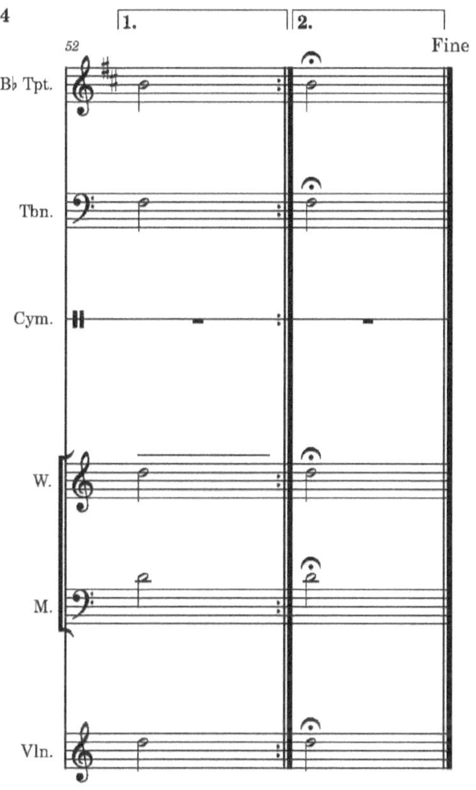

– جاء اللحن في نغمات مقام (نهاوند ذو الحساس) الذي يحتوي على خليتين لحنيتين، الخلية اللحنية الأولى هي (نهاوند) التي تتسم نغماتها بالشجن النسبي، والخلية النغمية الثانية هي (حجاز) وتتسم نغماتها بالقوة، نتيجة البُعد الزائد بين نغماتها، وهي الخلية النغمية الأشهر في رفع الآذان، وبذلك فقد كان اختياره لنغمات المقام مدروساً حيث يجمع بين الشجن النسبي والقوة والقدسية.

– ظهر في هذا العرض الموسيقي مقدمة موسيقية قبل فتح الستار

مثل افتتاحيات الأوبريتات والأوبـرات الأوروبية التحمت بأغنية افتتاح العرض (بلادي يا مصر).

– استخدم بليغ حمدي مزيجاً من آلات الأوركسترا السيمفوني وهي (آلات النفخ النحاسي: الترومبيت والترمبون والكورنو، ومن آلات النفخ الخشبي الفلوت، ومن الإيقاعات آلة السيمبال، والبيانو، ومن الوتريات ذات القوس: التشيللو والكونترباص) إلى جانب مجموعة الكمنجات الشرقي، والإيقاعات المصرية (الرق والدربكة)، والناي. هذا المزيج الآلي أكسب بعض الألحان القوة، وبعضها الآخر الشجن والحس المصري الصميم.

– استخدم بليغ حمدي الأسلوب البوليفوني في تلحين الغناء، الذي يعتمد على خطين لحنيين يؤديان غناءً في وقت واحد بحيث كل خط لحني منهما له شخصيته المستقلة، بحيث خصص خطاً لحنياً منهما لغناء أصوات النساء والصوت الثاني لغناء أصوات الرجال. واستمر هذا الأسلوب في أغلب أغنيات العرض.

– على المستوى الآلي فقد استخدم بليغ الهارمونيات المصاحبة إما للغناء أو الخط اللحني الرئيسي الذي غالباً ما تعزفه مجموعة الكمنجات. والهارموني هو علم توافق الأصوات مع بعضها البعض وهو ما يحتم على موزع موسيقى الفرق التي بها آلات أوركسترا أن يُلم بدراسة الآلات الموسيقية وخصائصها الصوتية وكيفية كتابة النوتات لكل آلة على مفتاحها المخصص لها.

وهذا العمل المسرحي الموسيقي يؤكد أن بليغ حمدي تجاوز كونه

ملحناً وأكد نفسه كمؤلف موسيقي قادر على التأليف متعدد الأصوات سواء بليفونياً أو هارمونياً.

ـ كلمات الأغنية الافتتاحية لم يعتمد إلا على مقطع (آه) و(بلادي يا مصر)، واستطاع المؤلف الموسيقي من خلال هذين المقطعين فقط توصيل رسالة للمتلقي تحمل الألم وعُمق حب الوطن.

*** المرحلة الثالثة:** من أكتوبر 1974 إلى عام 2000، فترة الاستنزاف ثم الاستقرار المجتمعي النسبي.

كان عام 1974 نقطة تحول ثالثة في تاريخ مصر الحديث، فقد شهدت هذه الفترة التحول من نظام اشتراكي إلى نظام رأسمالي لتنشيط الاستثمار في البلاد من خلال سياسات الانفتاح الاقتصادي.

أدى ذلك إلى تغيير سياسات التجار لكي تتلاءم مع الانفتاح الاقتصادي، وكذلك أصبح الكثير من أصحاب الحرف وبعض المهن الأخرى يُقدمون على العمل بالتجارة، وأصبح هؤلاء فئة الرأسماليين المصريين وهم رواد المسرح الجُدد. وكان لا بد من تقديم منتج ثقافي يناسب ثقافتهم، مما فرض نوعاً جديداً من المسرحيات وهي المسرحيات التجارية لإرضاء أذواق الشريحة الجديدة من الجمهور المصري من ناحية والعربي وتحديداً الخليجي من ناحية أخرى.

المسرح التجاري:

ازدادت سطوة المسرح التجاري الذي بدأ بعد عام 1967 مع

سياسات الانفتاح عام 1974 التي تملكت من مصر، فظهرت مجموعة من منتجي العروض المسرحية ممن ليس لهم علاقة بالفن ولكن يملكون الأموال فقط، في نفس هذه الفترة ضاقت الظروف الاقتصادية على صناع المسرح من الدارسين والمحترفين فسافر الكثير منهم إلى الدول العربية بحثاً عن أجور أفضل.

ولم يختلف تكوين المسرح التجاري في هذه الفترة عن فترة ما قبل الانفتاح الاقتصادي، فقد كانت تلك العروض المسرحية تجمع بين نجم من نجوم الكوميديا ومطربة، ففي موسم 1974 أنتجت مسرحيات: (الملاك الأزرق)، بطولة عبد المنعم مدبولي وهدى سلطان إخراج حسن عبد السلام. (سندريلا والمداح)، بطولة هاني شاكر ونيللي، إخراج حسن عبدالسلام، موسيقى وألحان حلمي بكر. (كباريه)، بطولة: نيللي وعمر خورشيد، إخراج جلال الشرقاوي، موسيقى وألحان علي إسماعيل وهي آخر أعماله قبل وفاته. ويجدر ذكر أن أغلب أغنيات وموسيقى هذه العروض كانت بطريقة (البلاي باك) لضغط النفقات. وبالرغم من تواجد الأسماء الكبيرة للملحنين والمطربات في هذه العروض إلا أنها لم تصل لكونها أوبريت أو أوبرا شعبية، إذ كانت الأغنيات في هذه العروض مجرد مواد ترفيهية يظهر فيها الإيقاع والاستعراض لإضفاء أجواء الترفيه على خشبة المسرح وتقديم سلعة مسرحية جاذبة لشرائح الجمهور الجديد.

العروض الموسيقية الاحتفالية:

النوع الثاني من المسرحيات الموسيقية التي ظهرت بعد انتصارات

أكتوبر73، بدأ تقديمها في مسارح الدولة لتمجيد انتصارات الجيش في حرب أكتوبر 1973 ومن أبرز ما قدمه مسرح الدولة من نوعية العروض الموسيقية الاحتفالية نذكر التالي:

– موال من مصر، موسم 1973 – 1974، تأليف: سامي داود ومحمود شعبان. نظم أغاني: عبدالفتاح مصطفى، عبدالرحمن الأبنودي، حلمي عبدالجواد السباعي، مجدي نجيب، فتحي قورة، عبدالله شمس الدين، محمود الشريف، عبد الحليم نويرة، أحمد صدقي، علي إسماعيل، عزت الجاهلي، فؤاد حلمي، توزيع: حسين جنيد. موسيقى درامية: جمال عبد الرحيم. إخراج: زكي طليمات.

– الحرب والسلام، موسم 1974 – 1975، قصة: يوسف السباعي. إخراج: محمود رضا.

– حبيبتي يا مصر، 1976 – 1977، تأليف: سعد الدين وهبة. نظم أغاني: صلاح جاهين، موسيقى وألحان: بليغ حمدي. إخراج: سعد أردش.

– مصر بلدنا، 1978 – 1979، تأليف: حسام حازم، نظم أغاني: حسين السيد، ألحان: محمد سلطان. إخراج: أحمد زكي.

في الثمانينيات والتسعينيات وما بعدهما أصبح عيد انتصارات أكتوبر موسماً للأوبريتات الاحتفالية في البيوت الفنية التي تقدم عروضاً موسيقية احتفالية يستمر عرضها ثلاثين ليلة على الأقل. ثم انتقلت بعد ذلك إلى عروض مسرح موسيقية تلفزيونية تقدم مرة

واحدة فقط أمام رئيس الجمهورية وحكومته ورجال الدولة في يوم الاحتفال بالنصر ويصورها التلفزيون في بث مباشر، واستمرت هذه العروض الموسيقية في الفترات اللاحقة على هذه الفترة أيضاً.

الأوبرا الشعبية:

من العروض الموسيقية اللافتة للنظر في هذه الفترة التي ظهرت في موسم 1988 – 1989 كانت الأوبرا الشعبية (انقلاب) التي كانت إنتاج «مسرح الفن» لمالكه وهو مخرج هذه الأوبرا جلال الشرقاوي، بطولة: نيلي، إيمان البحر درويش، حسن كامي، حسن الأسمر. كتب النص الشعري الدرامي للأوبرا: صلاح جاهين، وكانت هذه الأوبرا آخر أعماله. الموسيقى والألحان: محمد نوح.

مميزات هذا العرض الموسيقي:

– أنه عمل ملحن من بدايته إلى نهايته مثل الأعمال الأوبرالية الغربية.

– حكاية العرض مستوحاة من قصة (قيس وليلى)، أما أحداثها فتدور في مصر، ولذلك أصبحت أوبرا شعبية.

– جميع المشاركين في العرض من ممثلين وممثلات ومطربين ومطربات قاموا بالأداء الغنائي، في جميع الأشكال (الأغنية الفردية، الثنائي، الثلاثي، الجماعي).

– تنوعت الموضوعات الغنائية في هذه الأوبرا بين العاطفي مثل

لحن (ليلى) غناء شخصية أحمد الهمزاني (إيمان البحر درويش)، والصور الغنائية مثل لحن (الحسين) في افتتاح الأوبرا، والسياسية مثل لحن (إفراج) في الفصل الثاني من الأوبرا.

سلبيات العرض:

السلبية الرئيسية في هذه الأوبرا الشعبية هي تقديم الموسيقى والغناء بطريقة الغناء المسجل، وهو ما يتعارض مع أساسيات صيغة الأوبرا المسرحية التي يجب أن تكون الموسيقى والغناء فيها حياً يومياً.

العروض الموسيقية الاستعراضية:

من أوائل الثمانينيات حتى نهاية النصف الأول من القرن العشرين نشط إنتاج المسرح التجاري لتقديم عروض موسيقية استعراضية، وهو نوع من المسرح الموسيقي الذي يختلف عن الأوبريت والأوبرا. أهم ما يميز المسرح الموسيقي الاستعراضي التالي:

– يعتمد في الأساس على الاستعراض وليس على الغناء، وهو ما يُحتم على المؤلف الموسيقي أن يضع موسيقى لأغنيات ذات إيقاعات راقصة، أو موسيقى رقصات فقط دون غناء.

– يعتمد العرض على فنانة استعراضية أو ممثلين يجيدون أداء الاستعراضات، أو مطربة أو مطرب يجيدون الاستعراضات، وفي أحوال أخرى يمكن أن يعتمد هذا النوع من العروض الموسيقية على مطرب أو مطربة ومجموعة من الراقصين والراقصات المحترفين.

– تقدم موسيقى العروض الموسيقية الاستعراضية مسجلة على خشبة المسرح، ذلك لأن المؤدي يقوم في الغالب بأداء تمثيل الغناء مع الأداء الراقص حتى لو كان الأبطال من المطربين، ذلك لأن الأداء الاستعراضي لا يمكن المؤدي من الغناء الحيّ بشكل الجيد.

من أبرز نماذج العروض الموسيقية الاستعراضية في الفترة ما بين 1980 و2000 نذكر التالي:

(ريا وسكينة) موسم 1982، إنتاج: الفنانين المتحدين سمير خفاجي، تأليف: بهجت قمر. بطولة: شادية، سهير البابلي، عبد المنعم مدبولي، أحمد بدير. أشعار: عبد الوهاب محمد، موسيقى وألحان: بليغ حمدي. تصميم استعراضات: محمود رضا. إخراج: حسين كمال.

(عشان خاطر عيونك) موسم 1987، إنتاج: الفنانين المتحدين سمير خفاجي، تأليف: بهجت قمر. بطولة: فؤاد المهندس، شريهان، محمود الجندي، سهير الباروني. موسيقى وألحان: عمار الشريعي. استعراضات: الجداوي رمضان. إخراج: حسين كمال.

(شارع محمد علي) موسم 1991، إنتاج: الفنانين المتحدين سمير خفاجي، تأليف: بهجت قمر. بطولة: فريد شوقي، شريهان، هشام سليم، سهير الباروني، وحيد سيف، المنتصر بالله. أشعار: بهاء جاهين. موسيقى وألحان: جمال سلامة، حسن أبو السعود، مودي الإمام. استعراضات: عاطف عوض. إخراج: محمد عبد العزيز.

(كارمن) في يوليو 1999، إنتاج: محمد عمارة، عن رواية الكاتب الفرنسي بروسبير ميريميه، إعداد مسرحي: يسري خميس. بطولة:

محمد صبحي، سيمون، أركان فؤاد، خليل مرسي. أشعار: محمد بغدادي، موسيقى وألحان: عمر خيرت، وأجزاء من أوبرا كارمن لجورج بيزيه. استعراضات: كريم التونسي. إخراج: محمد صبحي.

المسرح الموسيقي المصري في الربع الأول من القرن الواحد والعشرين

تنقسم هذه الفترة إلى ثلاث مراحل أيضاً كالآتي:

• المرحلة الأولى: من 2001 إلى يناير2011:

تمثل هذه الفترة آخر عقد في حكم الرئيس الراحل محمد حسني مبارك التي امتدت قرابة الثلاثين عاماً، وأهم حدث فني ثقافي في هذه الفترة هو افتتاح مكتبة الإسكندرية عام 2002، التي ألحق بها المركز الفني الذي أصبح رافداً جديداً في مدينة الإسكندرية لإنتاج مجموعة من فن الأوبرا بمقوماتها الغربية ناطقة بالعربية، وكانت باكورة هذا الإنتاج أوبرا (ميرامار) التي كان أول عرض لها في ديسمبر عام 2005 على مسرح سيد درويش بالإسكندرية.

الأوبرا المصرية:

ظهر فن الأوبرا في مصر بجميع عناصره الأوروبية ناطقاً بالعربية الفصحى في نهايات النصف الأول من القرن العشرين على يد المؤلف الموسيقي أحمد رشيد الذي ألف أوبرا (مصرع كليوباترا) من أشعار: أحمد شوقي. وفي النصف الثاني من القرن العشرين أنجز

بعض مؤلفي الموسيقى المصرية أوبرات على الطريقة الأوروبية وجميعها كان ناطقاً بالعربية الفصحى، وكانت هذه الأوبرات هي:

1 – أوبرا (حسن البصري)، أشعار محسن الجوهري، تأليف موسيقي كامل الرمالي، كتبها في الفترة ما بين 1952 – 1954، عُرض الفصل الثاني منها بآداء طلبة وخريجي المعهد العالي للفنون المسرحية، من إخراج حمدي غيث، وقيادة أوركسترا للمؤلف الموسيقي أحمد عبيد.

2 – أوبرا (نفرتيتي الجميلة الآتية) أشعار محسن الجوهري، تأليف موسيقي كامل الرمالي. تضمنت هذه الأوبرا عدداً من النصوص المترجمة عن الهيروغليفية من بينها أناشيد اخناتون الشهيرة (مرثية موت اخناتون)، ولم تقدم هذه الأوبرا على الإطلاق[6].

3 – أوبرا (الساحر) أشعار درويش الأسيوطي، تأليف موسيقي كامل الرمالي. أُخذ موضوعها من القصة المصرية القديمة «خوفو والسحرة» التي تدور أحداثها في عصر بناة الأهرام بدءاً من الأسرة الرابعة وحتى بداية الأسرة الخامسة، ولم تعرض على الإطلاق[7].

4 – أوبرا (أنس الوجود) أشعار: سلامة العباسي، تأليف موسيقي: عزيز الشوان، أتمها في 23 يونيو 1966. كان عرضها الأول في صيغة «الكونسير» في يوليو 1994، تاريخ العرض الثاني كعمل مسرحي في 23 يونيو 1996م بحضور سيدة مصر الأولى آنذاك، وقد أنتجت بمعرفة دار الأوبرا المصرية بالتعاون مع أسرة الراحل عزيز الشوان[8].

5 – أوبرا (مصرع كليوباترا) أشعار: أحمد شوقي، تأليف موسيقي: سيد عوض، عرضت في ثلاث حفلات كل فصل منها في حفل مستقل، الفصل الأول في 18فبراير 1994، الفصل الثاني في 25 فبراير 1994، الفصل الثالث في 4 مارس 1994[9].

6 – أوبرا (ميرامار) عن رواية الأديب المصري الكبير نجيب محفوظ، أشعار: سيد حجاب (كتبها بالعامية المصرية)، تأليف موسيقي: شريف محي الدين، إخراج: محمد أبو الخير، إنتاج مشترك مركز الفنون بمكتبة الإسكندرية ودار الأوبرا المصرية، عرضت لأول مرة في ديسمبر 2005 على مسرح سيد درويش بالإسكندرية، وعرضت في يناير 2006 على المسرح الكبير بدار الأوبرا المصرية بالقاهرة، وتم عرضها بعد ذلك عدة مرات في سنوات لاحقة بين الإسكندرية والقاهرة.

تتميز أوبرا (ميرامار) عن غيرها من الأوبرات المصرية التي سبقتها: بأنها الأولى التي اعتمدت على اللهجة المصرية العامية. المؤلف الموسيقي استخدم المقامات المصرية الصميمة مثل (الراست والبياتي) بعزف من آلات التخت العربي (القانون والعود) اللذين أدمجا مع آلات الأوركسترا السيمفوني في أجزاء موسيقية وغنائية من الأوبرا.

• المرحلة الثانية: من 11 فبراير 2011 إلى يونيو 2018:

هي فترة انتقالية لتأسيس الجمهورية الجديدة في تاريخ مصر

تراجع الإنتاج الفني في هذه الفترة بشكل عام ومنه المسرح الموسيقي بسبب الأحداث السياسية التي شارك فيها الشعب المصري بأكمله.

وسط هذا الركود لإنتاج المسرحيات الموسيقية في هذه الفترة خرجت علينا شركة (القوى الناعمة للإنتاج الفني) لمالكها إبراهيم موريس بإنتاج باكورة أعمالها للمسرح الموسيقي بعرض (ليلة) في نهاية عام 2017 واستمر عرضه حتى عام 2018.

التأليف الدرامي والموسيقي لمنتجها: إبراهيم موريس، بطولة: مجموعة من الأصوات الشابة أبرزهم: زهرة رامي، سالي سمسون. قيادة أوركسترا: محمد سعد باشا، تصميم رقصات: داليا فريد، تصميم ملابس: منى التونسي، مصمم مناظر وديكور وإضاءة: حازم شبل، إخراج: هاني عفيفي.

تميزت المسرحية الموسيقية (ليلة) بأنها اعتمدت على مجموعة من شباب الممثلين المغنيين الذي قاموا بالغناء الحيّ والاستعراض والتمثيل يومياً على فرقة موسيقية كبيرة، وكانت عناصر الإبهار في العرض متوفرة على المستوى البصري والأدائي.

• المرحلة الثالثة: من يونيو 2018 إلى 2023:

وهي فترة استقرار أمني للبلاد مكنت قطاعات الإنتاج التجاري والتابعة للدولة من تقديم عروض المسرح الموسيقي.

من أهم عروض المسرح التجاري في هذه الفترة هو العرض

الموسيقي الاستعراضي (ولا في الأحلام) موسم 2023، إنتاج وتأليف درامي وموسيقي: إبراهيم موريس، إخـراج: هاني عفيفي. وهو عرض يعتمد على غناء أبطال العرض الحيّ على موسيقى مسجلة.

ومن أهم مسارح الدولي التي قدمت عـدداً من المسرحيات الموسيقية في هذه الفترة مسرح البالون التابع للبيت الفني للفنون الشعبية والاستعراضي وهو من المسارح المنوطة بتقديم المسرحيات الموسيقية (تحديداً قالبي الأوبريت والموسيقي الاستعراضي). ومن أبرز المسرحيات الموسيقية التي قدمت على مسرح البالون في هذه الفترة: (سيرة الحب) عن سيرة الملحن والمؤلف الموسيقي بليغ حمدي موسم 2019، (سيد درويش فنان الشعب) موسم 2020، (ألمظ وعبده الحامولي) موسم 2021، (زقاق المدق) عن رواية أديب نوبل نجيب محفوظ موسم 2021 – 2022، (شفيقة القبطية) موسم 2023، أوبريت (صبوحة) موسم 2023 – 2024.

نموذج غنائي من الأوبريت الشعبي (صبوحة)

مؤلف الكلمات	**سامح مهران (نثر)**
تأليف موسيقي	**ياسمين فراج**
المقام الأساسي	**نهاوند كردي**
الضروب المستخدمة	**الوحدة السائرة**  **طقمين في المازورة**
المؤدي	**شخصية (عارف).**

كلمات المونولوج:

عارف: كنت فاكر إني جاي أكتب على بياض، أبتدي من الأول، لقيتني دخلت في نفق ضلمة، الواحد مهما يمون مفتح مش هايشوف حاجة.

الرغاي كان عنده حق، تقدري تمسكي أفكارنا القديمة بإديكي؟

آلاف الأفكار ، ملايين الأفكار، اللي جاية هربانة من المستقبل، وتحسي بمرارتها وهي بتلسعك في عقلك.

حدش شاف؟! كله سمع، سمع في سمع، لحد خلاص بقا نفسي ياناس أخلص وأصدق وأسير مع الغنم. فهمة حاجة؟ طبعاً لأ.

فق صل مه مه ال وا حد مه مي كون م قب نج
جا سوف هي مش حه رغ ار غاي ار رغ عاي كاب عاي
حق دو عي حق اف كي س تمري د ق كر لل ا دي دي به ما دي
كي ا لا لا فق كا اف كا اف لل ب طلا ر كا اف لل كي

80

– أهم ما يميز هذا اللحن أنه اعتمد على نص نثري كما كتبه مؤلف النص المسرحي.

– اعتمدت المؤلفة الموسيقية على نغمات مقام (حيادي) لا يحتوي

على نغمة الثلاثة أرباع وهو مقام نهاوند كردي (لا الصغير) التي يصعب غناؤها من غير المتمرسين على الغناء، وهو ما ييسر على الممثل أداءه الغنائي، في حالة أنه غير متمرس على الآداء الغنائي الاحترافي.

ــ اعتمدت المؤلفة الموسيقية على عدد محدود من الآلات وهي (التوبا النحاسية، الهارب، مجموعة الفيولين، والفلوت) لمصاحبة الغناء وذلك بهدف إبراز معاني الكلمات التي تعبر عن حالة انفعالية للشخصية الدرامية.

***

نتائج الدراسة:

الإجابة عن السؤال الأول:

تمثلت أنواع المسرح الموسيقى التي قُدمت في مصر خلال الفترة من 1954 إلى 2023 في التالي:

1 ـ الأوبريتات الشعبية:

نوع من العروض المسرحية الموسيقية التي تجمع بين النص الحواري والموسيقى الاستعراضية والتعبيرية والغنائية، وقد ظهر هذا النوع بدءاً من عام 1956 ومازال تقديمه مستمراً حتى يومنا هذا مع اختلافات طفيفة في نوعية الموسيقات المستخدمة فيه. ومن أهم سمات الأوبريت الشعبي التالي:

- أن يكون موضوعه مرتبطاً بإحدى بيئات المجتمع المصري (المحلي) للأوبريت ويناقش قضاياه.

- الغناء في الأوبريت الشعبي يكون بطريقة الغناء المصري (المحلي) ولا يخضع لتصنيفات الأصوات الأوروبية للنساء والرجال وأسلوب الغناء الأوروبي.

- تكون موضوعات الأغنيات وثيقة الصلة بدراما النص وحذفها من العرض يُحدث خللاً في بنية وأحداث العرض، أي أنها ليست مقحمة للترفيه.

- تشكل الموسيقى بأنواعها والأغنيات ما لا يقل عن نصف زمن عرض الأوبريت، قابلة للزيادة لتأكيد طابع القالب المسرحي الموسيقي.

- اختلفت موسيقى الأوبريتات الشعبية في مصر خلال سبعين عاماً فبعد أن كانت في الفترة من 1956 إلى 1967 تُستوحىَ ألحانها من أغنيات الفلكلور الشعبي المصري تنفيذاً للخطة الثقافية للنظام السياسي في هذه الفترة، أصبحت في الربع الأول من القرن الواحد والعشرين (2001 إلى 2023) تعتمد على رؤية المؤلف الموسيقي اللحنية والآلية بعيداً عن الموروث الموسيقي الغنائي المصري، وحتى إذا استوحى الملحن بعض الثيمات الموسيقية من الفلكلور المحلي لأي منطقة يكون بدافع شخصي بعيداً عن التوجه الكلي.

2 – عروض المقاومة الموسيقية:

نوع من العروض الموسيقية ارتبط ظهوره بأحداث سياسية في

مصر، كانت هذه النوعية من العروض الموسيقية يقاوم فكرة الهزيمة العسكرية والانكسار المجتمعي بالفن، وكانت مثل هذه العروض تقوم بالدور التحفيزي للشعب المصري لإعادة اصطفافه وتعبئته للقيام بحرب الانتصار، وأبرزها كان العرض المسرحي الموسيقي (ياسين ولدي) التي قدمتها فرقة تحية كاريوكا عام 1971، تأليف: فايز حلاوة، بطولة: تحية كاريوكا، شكري سرحان، أحمد عبد الحليم، عفاف راضي، محمد روف. إخراج: كرم مطاوع، أشعار: عبد الرحيم منصور، موسيقى وألحان وقيادة أوركسترا: بليغ حمدي.

أهم سمات عروض المقاومة الموسيقية:

ـ اعتماد العرض على الموسيقى والغناء الحيّ يومياً أمام الجمهور بهدف التواصل الفعال والالتحام بين الجمهور والفنانين والموسيقيين الذين يمثلون شرائح مختلفة من الشعب.

ـ بداية ونهاية العرض تكون بأداء الغناء الوطني الجماعي من المطربين والمطربات والممثلين والممثلات وهو ما يؤجج مشاعر الحضور من الجمهور ويجعله يتفاعل معهم.

ـ استخدام مزيج من الآلات الموسيقية الشعبية مثل الناي والآلات الإيقاعية المصرية، وآلات الأوركسترا التي تثير الحماسة وتعطي قوة للموسيقى مثل آلات النفخ النحاسي الأوركسترالية.

ـ اختفاء الرقصات في هذا النوع من العروض الموسيقية.

ـ شخصيات العرض التزمت بأزياء لم تتغير طول مدة العرض

تُعبر عن المصريين في فترات زمنية مختلفة ومن بيئات متنوعة جميعهم يجتمعون على حب الوطن.

– هذا النوع من عروض مسرح المقاومة الموسيقي اختلف عن نظيره في النصف الأول من القرن العشرين في مصر، ففي النصف الأول كانت بعض العروض الموسيقية تقاوم المحتل الإنجليزي وسياساته في شكل كوميدي ساخر يتضمن التمثيل والموسيقى والغناء والرقصات، بينما في النصف كانت العروض المسرحية الموسيقية تقاوم فكرة الهزيمة دون وجود محتل خارجي في البلاد.

3 – الأوبريتات الاحتفالية:

نوعية من العروض المسرحية الموسيقية التي صيغت في قالب الأوبريت ظهرت بعد انتصارات السادس من أكتوبر 1973، تدور موضوعاتهما حول حب الوطن والاستشهاد في سبيله وبطولات الجنود والضباط في المعارك العسكرية، وأخذ هذا النوع من المسرح الموسيقي شكلين:

الشكل المسرحي الأول: له نص درامي له حبكة مترابطة المشاهد يتضمن الموسيقى والأغنيات والاستعراضات التي تتضافر مع النص الدرامي.

الشكل المسرحي الثاني: يعتمد في الأساس على الأغنيات والموسيقى والاستعراضات ويربط بينهم مشاهد تمثيلية قصيرة منفصلة عن بعضها البعض تكون بأداء تمثيلي أو سردي.

ومـن أبـرز الأوبريتات الاحتفالية ما قدمته الفرقة الغنائية الاستعراضية بقطاع الفنون الشعبية بعد انتصارات أكتوبر 73 مثل: (موال من مصر) موسم 1973 – 1974، (الحرب والسلام) موسم 1974 – 1975، (حبيبتي يا مصر) 1976 – 1977، (مصر بلدنا) 1978 – 1979، وغيرهم، وكانت تُعرض لمدة شهر أو أكثر. وفي الثمانينيات والتسعينيات وما بعدهما انتقلت هذه الاحتفالات إلى أوبريتات اليوم الواحد التي يصورها التلفزيون المصري أثناء تقديمها في بث مباشر بمشاركة كوكبة كبيرة من نجوم الغناء والتمثيل، ويقدم العرض أمام رئيس الجمهورية ورجال الدولة.

أهم سمات الأوبريتات الاحتفالية:

- يمكن أن يلحن ويوزع الموسيقى فيها أكثر من ملحن ومؤلف موسيقي، أو يقوم بذلك مؤلف موسيقي واحد فقط.

- تتضمن الأوبريتات الاحتفالية الغناء الفردي والثنائي والجماعي، والاستعراضات.

- يمكن أن تعزف فيها فرق موسيقية متنوعة مثل: الفرقة الكومبو (تجمع بين آلات الموسيقى العربية وآلات من الأوركسترا السيمفوني)، فرقة الأوركسترا الفيلهارموني، فرقة الموسيقى العربية الكبيرة.

- يمكن أن يكون العزف والغناء فيها حياً أو مسجلاً.

- عروض موسيقية تعتمد على الإبهار في جمع عدد كبير من

فرق الاستعراض والمطربين والمطربات والممثلين والممثلات والملابس والديكورات الفخمة.

– يشترك في إخراجها مخرجان أحدهما مخرج مسرحي والثاني مخرج تلفزيوني.

4 – الأوبرا الشعبية:

نوع من العروض المسرحية الموسيقية ظهر في نهاية الثمانينيات من خلال أوبرا (انقلاب)، ومن أهم سمات الأوبرات الشعبية:

– أنه عمل ملحن من بدايته حتى نهايته مثل الأعمال الأوبرالية الأوروبية.

– الغناء في الأوبرا الشعبية يكون على الطريقة المصرية (أو المحلية لأي دولة) ولا يخضع لتصنيفات الأصوات الأوروبية للنساء والرجال أو أسلوب الغناء الأوروبي.

– قصة العرض تكون مستوحاة من القصص أو الأساطير الشعبية للبلد أو يناقش موضوعات محلية.

– جميع المشاركين في العرض من ممثلين وممثلات ومطربين ومطربات قادرون على الغناء السليم.

– يتنوع الغناء فيه بين الفردي، الثنائي، الثلاثي، الرباعي، الجماعي في خطوط بوليفونية، ويظهر فيه الإلقاء المُنَغَّم (ريسيتاتيف) Recitative [10].

- يعتمد على التأليف الموسيقي البوليفوني [11]، وعلم توافق الأصوات المعروف بالهارموني لخدمة التوزيع الآلي المصاحب للغناء.

- تنوع الموضوعات الشعرية في الأغنيات بين العاطفي، والوطني، والصور الغنائية، والمناجاة، وغيرها.

- الغناء يكون حياً، مع فرقة موسيقية حية تعزف يومياً.

- تتواجد فيها موسيقى الرقصات والموسيقى التعبيرية الدرامية التي تخدم أجواء المشاهد الدرامية.

5 – العروض الموسيقية الاستعراضية:

نوع من المسرح الموسيقي يختلف عن الأوبريت والأوبرا، ومن أهم سمات المسرح الموسيقي الاستعراضي التالي:

- يعتمد في الأساس على الاستعراض وليس على الغناء، وهو ما يُحتم على المؤلف الموسيقي وضع موسيقى وأغنيات ذات طابع إيقاعي.

- يعتمد العرض على فنانة استعراضية أو ممثلين يجيدون أداء الاستعراضات، أو مغنين يجيدون الرقص الاستعراضي، وفي أحوال أخرى يمكن أن يعتمد هذا النوع من العروض الموسيقية على مطربة ومجموعة من الممثلين الذين يغنون بأداء سليم مع مجموعات الراقصين والراقصات المحترفين.

- تقدم موسيقى العروض الموسيقية الاستعراضية مسجلة، ذلك لأن المؤدي يقوم في الغالب بأداء الغناء مع الاستعراض.

6 – الأوبرا المصرية:

نوع من العروض المسرحية الموسيقية يلتزم بجميع عناصر فن الأوبرا الأوروبي، وظهر في مصر مع بدايات حركة التأليف الموسيقي المصري المعاصر في نهايات النصف الأول من القرن العشرين وتأكد خلال النصف الثاني منه، ومع الربع الأول من القرن الواحد والعشرين (2005) أعيد تقديم أوبرا مصرية جديدة هي أوبرا (ميرامار) من إنتاج المركز الفني بمكتبة الإسكندرية بالشراكة مع دار الأوبرا المصرية. أهم سمات الأوبرا المصرية التالي:

– النص الشعري (الليبريتو) في الأوبرا المصرية يكتب بالعربية الفصحى أو بالمصرية الدارجة.

– يعتمد النص الدرامي المغنى على موضوعات من المخطوطات أو الأساطير المصرية، أو الروايات المصرية الناجحة كما جاء في أوبرا (ميرامار).

– ظهرت في بعض الأوبرات المصرية أجزاء غنائية وموسيقية في مقامات تحتوي على نغمة الثلاثة أرباع النغمة التي تميز الموسيقى العربية مثل مقامات الراست والبياتي التي ظهرت في أوبرا ميرامار.

– لا يتحتم عرض الأوبرات المصرية كاملة ففي الغالب يقدم منها فصل واحد فقط أو فصلان، وحتى الآن لم تُعرض أوبرا كاملة في عدة حفلات بمحافظات مصر إلا أوبرا (ميرامار)، ذلك لأن هذا النوع من المسرح الموسيقي لا يستهوي الجمهور المصري لأنه يخضع لمعايير موسيقية وغنائية أوروبية.

الإجابة عن السؤال الثاني:

التوجهات الموسيقية في تجارب المسرح الموسيقي المصري خلال الفترة من 1954: 2023 جاءت كالتالي:

1 – الموسيقى بوصفها العنصر الرئيسي في العرض المسرحي. (الأوبرا في شكلها الشعبي أو الأوروبي)

2 – الموسيقى بوصفها مؤثراً درامياً في العرض. (الموسيقى التعبيرية الدرامية).

3 – الموسيقى بوصفها العنصر الأساسي في بناء الاستعراضات الراقصة. (حتى رقصة الكلاكيت مبنية على عنصر موسيقي هو الإيقاع).

4 – الموسيقى بوصفها عنصراً ترفيهياً. (فواصل موسيقية أثناء تغيير المناظر والديكور، أغنيات مقحمة للترفيه كما حدث ومازال يحدث في عروض المسرح التجاري).

الإجابة عن السؤال الثالث:

أبرز الإشكاليات التي تواجه صناعة المسرح الموسيقي في مصر هي:

1 – الفجوة بين دراسة المسرح ودراسة الموسيقى، يعد سبباً رئيسياً في ندرة وجود الفنان الشامل الذي يقوم على عاتقه المسرح الموسيقي.

2 – الفجوة بين دراسة التأليف الموسيقي والتأليف لموسيقى المسرح (يحتاج ثقافة تحليلية ونقدية ومسرحية وتاريخية)، وأن يكون في استطاعة المؤلف الموسيقي تلحين النثر.

3 – ندرة كتّاب المسرح الموسيقي. (صلاح جاهين في انقلاب، سيد حجاب في ميرامار).

4 – البناء المعماري للمسارح. (أغلب المسارح غير مؤهلة لتواجد فرقة موسيقية كبيرة لعدم وجود حفرة أمام الخشبة).

5 – الإنتاج الضخم أحد معوقات إنتاج العروض المسرحية الموسيقية، كانت أسباب تقديم أوبرا انقلاب بطريقة التسجيل البلاي باك لعدة أسباب هي: أولها، ضغط النفقات، لأن توفير عازفين جيدين يومياً يرفع تكاليف إنتاج العرض بشكل كبير. ثانياً، عدم وجود حفرة للفرقة الموسيقية في مسرح الفن. ثالثاً، تفادي إلغاء ليالٍ من العرض في حالة مرض أي مؤدٍ للغناء من أبطال العرض.

***

التوصيّات:

تقترح الباحثة عدداً من التوصيات التي من شأنها المساهمة في التطور الإيجابي للمسرح الموسيقي في مصر والوطن العربي، نوجزها في التالي:

1 – استحداث كليات ومعاهد تحت عنوان (المسرح والموسيقى) يُدرس فيها علوم المسرح والموسيقى معاً، لتكون هذه المؤسسة

التعليمية قادرة على تخريج كوادر بشرية متخصصة في التالي:

- التأليف الموسيقي المسرحي الخاص بجميع أنواع العروض المسرحية التي رصدتها هذه الدراسة (الأوبرا، الأوبريت بأنواعه، المسرح الموسيقي الاستعراضي، مسرح المقاومة الموسيقي).

- إخراج عروض المسرح الموسيقي بأنواعها.

- ممثل قادر على الأداء المسرحي الشامل الذي يقوم عليه المسرح الموسيقي وهو: التمثيل، الرقص بأنواعه، الغناء، إجادة أكثر من لغة، العزف على بعض الآلات الموسيقية، قراءة أساسيات النوتة الموسيقية، الأداء الأكروباتي.

2 – الاهتمام بالبناء المعماري للمسارح المخصصة للعروض الموسيقية بحيث يتواجد فيها: حفرة للفرقة الموسيقية، أحدث الأجهزة الصوتية والسمعية (منظومة الصوت الدائري والمجسم).

3 – ضرورة تأسيس شركات إنتاج فني عربية متخصصة في إنتاج المسرح الموسيقي بأنواعه، تكون عابرة للدول العربية بما يمكنها من تقديم عروض مسرح موسيقي يشترك فيه فنانون من جميع الدول العربية، ويتم تسويقها وعرضها في جميع الدول العربية أيضاً، ذلك لأن هذه النوعية من المسرح تحتاج إلى إنتاج ضخم ذي تكلفة باهظة.

الهوامش:

1 – خزعـل الماجـدي، الأعمال المسـرحية ج1 ، المؤسسـة العربيـة للدراسـات والنشر، بيروت، 2011. ص 14.

2 – جيمس هنري برستيد، فجر الضمير، ترجمة/ سـليم حسن، الهيئة المصرية العامة للكتاب، القاهرة، مصر، 2019. ص87، 88.

3 – فجر الضمير، المرجع السابق. ص 260.

4 – كمال الدين حسـين – المسـرح والتغير الاجتماعي في مصر – الدار اللبنانية المصرية – القاهرة – 1992م. ص211.

5 – فاروق عبد القادر – ازدهار وسقوط المسرح المصري – دار الفكر المعاصر – 1979م.

6 – عزيـزة عزت، التأليف الموسـيقي المصري المعاصر الجيل الثاني، سلسـلة بريزم للموسيقى(3)، وزارة الثقافة، مصر، 2003. ص 182.

7 – المرجع السابق. ص 182و183.

8 – انظـر: جهـاد داوود ، أوبـرا أنـس الوجود حـدث فني تاريخي مهـم ، آفاق موسـيقى.أوبرا.باليه ، العـدد الثالـث، المجلـس الأعلى للثقافـة ، وزارة الثقافة ، مصر، 2000. من ص41 : 46.

9 – البرنامج الثقافي ، الإذاعة المصرية.

10 – ريسـيتاتيف : إلقاء كلمات على ملحن على عدد محدود من النغمات لا تزيد على ثلاث أو أربع نغمات (أداء يشبه الحديث الدارج).

11 – البوليفونيـة : تعني تعدد الخطـوط اللحنيـة أو الغنائية، بحيث يكون لكل خط منهم شـخصيته اللحنية المسـتقلة، وفي حالة توقف أحد الخطـوط اللحنية لا تتأثر بقية الخطوط اللحنية الأخرى أو يحدث خللاً في اللحن، تبدأ البوليفونية الموسيقية بخطين لحنيين ولا يزيد على أربعة خطوط.

المصادر والمراجع:

- البرنامج الثقافي، الإذاعة المصرية.

1 – جهاد داوود، أوبرا أنس الوجود حدث فني تاريخي مهم، آفاق موسيقى. أوبرا. باليه، العدد الثالث، المجلس الأعلى للثقافة، وزارة الثقافة، مصر، 2000.

2 – جيمس هنري برستيد، فجر الضمير، ترجمة سليم حسن، الهيئة المصرية العامة للكتاب، القاهرة، مصر، 2019.

3 – خزعل الماجدي، الأعمال المسرحية ج1، المؤسسة العربية للدراسات والنشر، بيروت، 2011.

4 – عزيزة عزت، التأليف الموسيقي المصري المعاصر الجيل الثاني، سلسلة بريزم للموسيقى (3)، وزارة الثقافة، مصر، 2003.

5 – كمال الدين حسين: المسرح والتغير الاجتماعي في مصر، الدار اللبنانية المصرية، القاهرة، 1992م.

6 – فاروق عبد القادر: ازدهار وسقوط المسرح المصري، دار الفكر المعاصر، بيروت، لبنان 1979م.

المسرح الغنائي العربي: خاصياته وتأثيراته على أشكال التأليف الموسيقي

• د. عائشة القلاي – تونس

بدأت تجربة المسرح العربي الحديث في عصر النهضة العربية بعد ثورة الأنوار الفرنسية وحملة نابوليون على مصر التي أتى بها القرن التاسع عشر. فقد تأثّر روّاد النهضة العربية بأفكار ومبادئ الثورة الفرنسية التي طغت على طرق التفكير الإنساني للقرن التاسع عشر. وقد انعكست نتائج النهضة العربية على مجالات الفكر والثقافة وخلقت مناخاً سيوسيو اقتصادياً جديداً في مصر والعالم العربي بصفة عامة، مما أدى إلى ظهور مصطلحات ومفاهيم علمية وفلسفية جديدة وخلق توجّهات فكرية وعادات وممارسات ثقافية جديدة، أتت من التوجّه السائد نحو تقليد نسق الحياة الأوروبي والانفتاح على العالم الغربي والاستفادة من تقدمه العلمي والتقني الحديث.

1 – المسرح الغنائي العربي الحديث:

ظهرت ملامح النهضة العربية في مجالات الثقافة والفكر وحتى العمارة، حيث بدأ في هذه الفترة تشييد المسارح على النمط المعماري الأوربي الحديث بالبلدان العربيّة خاصة مصر وتونس. ومن هنا بدأت بوادر تأسيس المسرح العربي الحديث الذي ستولد معه أشكال وتعابير مسرحية وموسيقية جديدة. فبتواتر العروض العالمية،

ازدهرت الممارسة المسرحية في مصر وظهرت بوادر تأسيس نواة المسرح المصريّ الحديث مع روّاد المسرح العربي، وأهمّهم المسرحيّ اللبنانيّ إسكندر فرح (1851 – 1916) الذي كان عضواً في فرقة أبي خليل القباني (1833 – 1903) السورية التي بدأت نشاطها المسرحي في مصر سنة 1884[1]، وقد كان القباني يَستدعي إلى فرقته المطرب عبده الحامولي والمطربة ألمظ (1860 – 1896) لأداء بعض الفواصل الغنائية في مسرحياته[2]، ويمكن أن نعتبر ذلك بداية توظيف الغناء في المسرحيات التمثيلية الذي سيؤدّي فيما بعد إلى خلق قوالب غنائية جديدة في المسرح الغنائي العربي، خاصة مع بداية القرن العشرين في مصر التي تمثّل محطّة مهمّة في تاريخ التأليف الغنائي العربي، حيث ظهرت مدارس أسلوبيّة جديدة ومُجدّدة، تزعّمها عدد من المؤلّفين والشعراء والمطربين الذين أَثْرَوا الرصيد الغنائي للقرن العشرين بمؤلّفات غنائيّة خلّدت ملامح التوجّهات الأسلوبية لتلك الفترة. وتُعتَبَرُ بداية القرن العشرين مرحلة انتقاليّة بين المدرسة التقليدية للقرن التاسع عشر والمدرسة الجديدة للقرن العشرين. وتزعّم هذا التوجّه كلّ من المطرب والمؤلّف الشيخ سلامة حجازي (1852 – 1917) والملحّن سيّد درويش (1892 – 1923) الذي يعتبَر رائد التجديد الموسيقي في مصر، وقد تميّزت هذه المرحلة بظهور المسرح الغنائي على يد الشيخ سلامة حجازي[3] الذي عمِل منذ 1885 كممثّل رئيسيّ في فرقة المسرحيّ اللبناني المقيم بمصر إسكندر فرح (1851 – 1916)[4]، إلى أن أسّس فرقته المسرحية سنة 1905 وكان يقوم فيها بتمثيل الأدوار الرئيسية وبتأليف الأغاني المسرحية وأدائها.

ويعود الفضل إلى الشيخ حجازي في اكتشاف موهبة سيّد درويش ودخوله مجال المسرح الغنائي[5]، الذي عمِلَ فيه درويش على تأسيس المدرسة التعبيرية في الموسيقى والغناء.

ساعد إذاً تأسيس المسرح الغنائي على ظهور قوالب غنائية جديدة مثل الأوبريت والمونولوج التي سيستفيد منها وسيعمل على تجديدها روّاد المدرسة التجديدية في الموسيقى العربية وهم محمد القصبجي (1892 – 1966) ومحمد عبدالوهاب (1902 – 1991) ورياض السنباطي (1906 – 1981) وزكريا أحمد (1896 – 1961) وأحمد رامي (1892 – 1981) وأحمد شوقي (1868 – 1932) وأم كلثوم (1898 – 1975) وأسمهان (1912 – 1944) وغيرهم. وقد امتدّت هذه المرحلة من أواسط عشرينيات القرن العشرين إلى نهاية السبعينيات التي عرفت دخول توجّه أسلوبي جديد مع المدرسة الرومانسية خاصة مع محمد الموجي (1923 – 1995) وكمال الطويل (1923 – 2003) وبليغ حمدي (1932 – 1993) وعبد الحليم حافظ (1929 – 1977) وسيّد مكّاوي (1928 – 1997).

عَمِل روّاد المدرسة الموسيقية المصرية في القرن العشرين على تجديد التأليف الغنائي بتطوير القوالب الغنائية الرائجة منذ أواخر القرن التاسع عشر مثل الدور والطقطوقة، وعلى استعمال قوالب غنائية جديدة مثل المونولوج الذي سيتطوّر على مستوى الشكل والمضمون مع الثنائي محمد القصبجي وأحمد رامي، وستمتدّ رحلة المونولوج مع هذا الثنائي من أواخر العشرينيات حتى منتصف الأربعينيات من القرن العشرين.

2 - المسرح الغنائي المصري وتجديد قوالب الغناء العربي:

تتمثّل أهمّ مظاهر تأثّر المجال الموسيقي بالممارسة المسرحية في استعارة المؤلّفين الموسيقيين لبعض أشكال التعبير المسرحي، ويُعتبَرُ قالب المونولوج من بين أهمّ الأشكال المسرحية الموظّفة في التأليف الموسيقي.

والمونولوج هو أحد أهمّ أشكال الأداء السردي الحرّ في المسرح الأوروبـي، يقوم على الإلقاء الـمُرسَل والفردي[6]. وقد ظهر في المسرح الأوروبـي في العصر الوسيط (ق. 5 – ق. 15 ميلادي) كمساحة أداء سرديّ فرديّة، يعبّر فيها المؤدّي على مشاعر الشخصية الرئيسيّة في علاقتها بأحداث النص المسرحي[7]. كما يُستعمَل المونولوج لإظهار باطن الشخصية الرئيسيّة في بعض المشاهد الحاسمة والمهمة في المسرحية التمثيلية باعتماد أسلوب المناجاة والإلقاء التعبيريّ الدراميّ، وقد ازدهر هذا الشكل الأدائيّ خاصة في مسرح شكسبير (1564 – 1616) والدراما المسرحية الأوروبية في عصر النهضة (ق. 14 – ق. 17 ميلادي)[8]. وتعتبر عناصر المناجاة والإلقاء التعبيري الدرامي من أهم المفاهيم التي بنى عليها سيّد درويش المدرسة التعبيرية في الموسيقى العربية متأثّراً في ذلك بمبادئ التعبير المسرحي التي ورثها عن مؤسّس المسرح الغنائي العربي الشيخ سلامة حجازي.

يُعتبَر إذاً المونولوج الغنائي، ويُسمّى أيضاً المونولوج الرومانسي،

من أهمّ القوالب الغنائية الرائجة في النصف الأوّل من القرن العشرين. وهي فاصل غنائي فردي بين مشهدين من مشاهد الأوبرا[9]. ظهر كتعبير مسرحي في المسرح العربي مع الشيخ سلامة حجازي[10]، ويرجع الفضل إلى الثنائي أحمد رامي ومحمد القصبجي في إدخال المونولوج إلى مجال الغناء العربي وتطوير طرق نظمه وتأليفه وأدائه، حيث كان محمد القصبجي من أهمّ من قدّموا المونولوج في العشرينيات والثلاثينيات من القرن العشرين[11]، بل يمكن اعتباره أوّل من طوّر البنية الشكلية لقالب المونولوج الغنائي[12]. وإن كان المونولوج قد ظهر قبل القصبجي مع الشيخ سلامة حجازي وسيّد درويش في المسرح الغنائي، ثم مع كلّ من أحمد صبري النجريدي ومحمد عبد الوهاب، إلاّ أنّ القصبجي رَسَمَ ملامح البنية الشكلية واللحنية لهذا القالب الذي تحوّل معه من مجرّد فاصل غنائيّ بين المشاهد التمثيلية إلى قالب غنائيّ يعبّر عن تطوّر ونموّ الحالة الوجدانية والدرامية داخل النص التمثيلي.

ويمكن أن نعتبر أنّ لقاء القصبجي مع أحمد رامـي المتأثّر بالرومانسية الأوروبية ويُعتَبَر أحد روّاد النهضة الأدبية في مصر[13]، هو العامل الأساسي الذي دفع القصبجي نحو تجربة المونولوج. فبداية من 1928 انطلق الثنائي في خوض تجربة المونولوج بعيداً عن المسرح الغنائي مع أم كلثوم، وقدّما لها مونولوغ «إنْ كُنت أسامح» الذي وصفته المنظّرة الموسيقية المصرية رتيبة الحفني بأنه خطوة جديدة في مسار الغناء العربي[14]. إذا منذ 1928 بدأت تجربة الثنائي رامي والقصبجي مع أم كلثوم وغيرها من المطربات، سواء في

المونولوجات الغنائية المستقلة عن التمثيل، أو في الأفلام الغنائية خاصة مع تطوّر السينما الغنائية وحركة صناعة وإنتاج الأفلام في مصر في ثلاثينيات القرن العشرين.

انتقل إذاً قالب المونولوج مع الثنائي رامي والقصبجي من التأليف المسرحي إلى التأليف الغنائي ومرّ معهما بخمس مراحل:

تأليف	نظم	غناء	المقام	المونولوج	التاريخ	المرحلة	
محمد القصبجي	أحمد رامي	أم كلثوم	عجم نوا	إن كُنْتُ أَسامِحْ	1928	الأولى	1
			كردي	لِيهْ يازَمانْ	1935	الثانية	2
			راست	مَنّيتْ شَبَابي	1937	الثالثة	3
		أسمهان	نهوند	يَا طُيُورْ	1941	الرابعة	4
		أم كلثوم	نهوند	رَقّ الحبيبْ	1944	الخامسة	5

تطوّرت البنية الشكلية واللحنية للمونولوغ الغنائي خلال هذه المراحل ولكنه بلغ ذروة الازدهار في المرحلتين الرابعة والخامسة، حيث مثلت المرحلة الرابعة مع مونولوج «يا طيور» اكتمال التجربة الأوبرالية في أسلوب القصبجي التأليفي الذي استفاد من الطاقة الصوتية لأسمهان لتكريس الأسلوب الأوبرالي خاصة في المقطع الأخير من المونولوج، وهو مقطع الآهات الذي حاكت فيه أسمهان بصوتها صوت آلتي الكمنجة والفلوت. ومثّل هذا المونولوج دليل ثابت على تأثّر القصبجي بأساليب التأليف في المسرح الغنائي الأوروبي.

أما المرحلة الخامسة مع مونولوج «رق الحبيب» فقد وظّف فيها القصبجي البعد التعبيري المستعار من الأداء المسرحي، الذي يقوم

على توظيف العناصر الموسيقية الأدائية واللحنية للتعبير عن النص الشعري وتصعيد الحالة الدرامية والوجدانية الواردة في المشهد الغنائي وهو ما يمكن ملاحظته بسهولة من خلال تتبّع نسق التلوينات المقامية التي استعملها القصبجي في هذا المونولوج، فقد خصّ كل مقطع غنائي بمقام وإيقاع خاص تماشياً مع الحالة الوجدانية، كما يمكن ملاحظة ذلك أيضاً من خلال طريقة الأداء التي صعّدت بها أم كلثوم مختلف الحالات الوجدانية الواردة في مشاهد هذا المونولوج.

3 – تجربة المسرح الغنائي في تونس:

تأثر مجال التأليف الموسيقي بتقنيات التعبير المسرحي في بداية القرن العشرين التي بدأت من مصر وانتقلت إلى بلدان عربية أخرى مثل تونس التي عرفت تجربة مهمة في المسرح الغنائي، بدأت مع مسرح خيال الظلّ «الكراكوز» كما يُسمّى في تونس، وكان يقدّم خلال سهرات رمضان لتسلية الأطفال بالأساس، وكانت عروض خيال الظل تصاحَب ببعض الآلات الموسيقية الشعبية مثل آلتي الزكرة والدف. ثم تطوّرت التجربة المسرحية الحديثة في تونس خاصة في بداية القرن العشرين التي شهدت توافد الفرق المسرحية المصرية[15] مثل فرقة عبد القادر المصري سنة 1908 وسليمان القرداحي في السنة نفسها، وحسن البنّان وزوجته عَليّة اللذين تعاملا مع الفرق المسرحية التونسية في تأليف وأداء الفواصل الغنائية. وتطوّرت التجربة المسرحية التونسية مع زيارة الشيخ سلامة حجازي لتونس في 1913 مع كامل الخلعي وتعامله مع مجموعة من المسرحيين

التونسيين أبرزهم المسرحيّ محمد عبد العزيز العقربي. وبفضل هذا التبادل بين الفرق المصرية والتونسية بدأ تأسيس المسرح الغنائي التونسي وتطوّر في فترة ما بين الحربين العالميتين التي تأسّست فيها عدة فرق مسرحية غنائية، وسطع فيها نجم رائدة المسرح الغنائي التونسي المطربة حبيبة مسيكة (1898 – 1930) التي أسّست فرقتها مع المسرحي التونسي الطاهر بالحاج في 1920 وقدّمت معها الكثير من العروض المسرحية الغنائية في تونس وخارجها. وكانت تجربة المسرح الغنائي في تونس شبيهة بالتجربة المصرية[16]، حيث طوّع الموسيقيون التونسيون أيضاً أشكال التأليف المسرحي مثل المونولوج وخاضوا تجربة التأليف في هذا القالب على يد ثلة من الموسيقيين المتأثرين من ناحية بالمدرسة المسرحية والموسيقية الأوروبية، ومن ناحية أخرى بالتجربة المصرية مثل محمد التريكي والهادي الجويني. وقد أسهمت بعض المطربات التونسيات في تطوير تجربة المسرح الغنائي في تونس مثل شافية رشدي (1910 – 1989) وفتحية خيري (1918 – 1986) وفضيلة خيتمي (1905 – 1992) وحبيبة مسيكة.

4 – التجربة الرحبانية في لبنان:

بدأت التجربة الرحبانية في المسرح الغنائيّ المعاصر في خمسينيات القرن العشرين على يد الأخوين عاصي (1923 – 1986) ومنصور (1925 – 2009) الرحباني. وقد استفاد الأخوان الرحباني من تمكّنهما من قواعد الموسيقى المقامية، خاصة التراث الموسيقي اللبناني إلى جانب الثقافات الموسيقية المشرقية الأخرى

مثل الأرمينية والمارونية والأندلسية، ومن انفتاحهما على مختلف الموسيقات الأخرى، والغربية بالأساس التي تعلّماها على يد أستاذهما بول الأشقر[17]. وقد استطاع الأخوان الرحباني أن يرسما ملامح الأغنية اللبنانية المعاصرة[18]، وأن يكونا ظاهرة موسيقية تجمع بين الفولكلور اللبناني والعربي وبين التقنيات الموسيقية الغربية(19).

يمكن أن نختزل خاصيات التجربة الرحبانية في خمس نقاط مهمة هي:

ـ اعتماد القوالب الغنائية التقليدية مثل القصيدة والموشّح وإعادة توظيفها بطريقة جديدة ومختلفة باعتماد التوزيع الموسيقي وتنمية وتوليد الألحان. وتقنية توليد الألحان تعني الانطلاق من لحن موسيقي شعبي لبناء لحن جديد، أي بناء اللحن الجديد على فكرة لحنية متداولة.

ـ اختزال القصيدة العمودية التقليدية المقفاة وتقديمها بأسلوب جديد لتتماشى مع العادات السمعية الجديدة للمجتمع اللبناني والعربي المعاصر.

ـ اعتماد الكتابة الهارمونية والكونترابونتية تأثراً بالمسرح الأوبرالي الأوروبي.

ـ إعطاء بعد جديد للصوت الغنائي يتماشى مع الحبكة الدرامية وإظهار البعد التعبيري للصوت تأثّراً بالمدرسة التعبيرية المصرية من ناحية، وبالأوبرا الأوروبية من ناحية أخرى.

ـ توظيف المسرح التاريخي الملحميّ واستدعاء ما يتماشى معه من

أشكال وقوالب التأليف الغنائي، وهو ما نجده مثلاً في أوبريت «فخر الدين» ومسرحية «ملوك الطوائف» و«أندلسيات» التي وظّفا فيها قالب الموشّح الأندلسي التزاماً بالسياق التاريخي والدرامي للمسرحية.

استفاد الرحابنة في تجربتهما هذه من عدّة عوامل أهمّها:

ـ تشبّعهما من أسس وقواعد الموسيقى المقامية (العربية، الأرمينية، المارونية، الأندلسية...) ومن الفولكلور اللبنانيّ.

ـ تمكّنهما من التراتيل والموسيقى والإنشاد الكنسي.

ـ بناء تكوينهما الموسيقي على النظريات الموسيقية الغربية مثل علم الهارموني والتوزيع والتحليل الموسيقي الغربي.

بالإضافة إلى استفادتهما من الموسيقى الشعبية اللبنانية وتوظيفها، حيث مثّل الفولكلور اللبناني المادة الخام لمسرح الرحابنة.

تتمثّل إضافة الرحابنة في المسرح الغنائي العربي على مستوى أشكال التأليف الموسيقي في إعادة إحياء قوالب التأليف الغنائي التقليدية وتقديمها بطريقة عصرية تتماشى مع العادات السمعية الجديدة وأهمّها القصيدة العمودية، مثل قصيدة «ذكرى لقاء الأمس» في مقام النهوند، والموشّح الأندلسي الذي استفاق مع الرحابنة من فترة ركود طويلة جداً، وعاد معهما إلى سياق التأليف الغنائي المعاصر. وقد قدّم الرحابنة في هذا السياق عرض «أندلسيات» وعرض «شهرزاد» وهما يندرجان في إطار المسرح الغنائي المعاصر، وراهن فيه الرحابنة على إحياء أحد أبرز قوالب التأليف الغنائي

التقليدي وهو الموشّح الأندلسي. وجاء عرض «أندلسيات» بمثابة وصلة من الموشحات التي وضع ألحانها الرحابنة على نصوص الشاعر ابن زيدون الأندلسي (394هـ – 463هـ) بنفس أسلوب تأليف الموشّح الأندلسي.

ختام:

بدأ مسار المسرح الغنائي العربي مع سلامة حجازي وسيد درويش بين نهاية القرن التاسع عشر وبداية العشرين. ثم دخل مرحلة جديدة مع كل من القصبجي وأحمد رامي في مصر، ومحمد التريكي وحبيبة مسيكة في تونس، ويمكن أن نعتبر أن هذه المرحلة هي التجربة التجديدية التي عرف فيها المسرح الغنائي انفتاحاً كبيراً على أساليب وأشكال التأليف الأوبرالية التي لم تكن متداولة في المسرح العربي. وقد انفردت مصر بدور الريادة في مجال المسرح الغنائي من بداية إلى منتصف القرن العشرين، إلى أن ظهرت التجربة الرحبانية التي تميّزت بطابع خاص ميّزها عن مختلف التجارب العربية الأخرى.

وقد ساعد اختلاف التجارب العربية في المسرح الغنائي على إثراء الرصيد الموسيقي بقوالب غنائية جديدة مستوحاة أو مستعارة من المسرح التمثيلي ومن المسرح الأوبيرالي الأوروبي مثل المونولوج والأوبيرا والأوبيريت وهي أشكال تأليفية مسرحية استعارها روّاد المسرح الغنائي العربي لتأسيس أسلوب موسيقيّ جديد انطلق منذ نهاية القرن التاسع عشر وازدهر في بداية القرن العشرين مع سيّد درويش ومحمد القصبجي في مصر، وعرف توجّهاً جديداً في منتصف القرن

العشرين مع التجربة الرحبانية التي تتواصل إلى اليوم في لبنان.

مثّل ظهور المسرح الغنائي في العالم العربي انطلاق مرحلة جديدة في التأليف الموسيقي تميّزت باستعارة القوالب المسرحية وتوظيفها في التأليف الغنائي، كما ساعد المسرح الغنائي على ظهور أشكال تأليف جديدة مثل السينما الغنائية والأغنية السينمائية التي ستعوّض المسرح الغنائي بعد أزمة المسرح العربي في فترة ما بعد الحربين.20

الهوامش:

1 – علي إسماعيل، سيّد، تاريخ المسرح في العالم العربي في القرن التاسع عشر، المملكة المتحدة، مؤسسة هنداوي، 2016، ص. 224.

2 – عبد القادر سيّد أحمد، محمد، «المسرح الغنائي المصري وتأثّره بفن الأبربريت العالمي من خلال أوبريت «البروكة» لسيّد درويش وأوبريت «لا ماسكوت» لأدمون أودران دراسة مقارنة»، مجلة دراسات وبحوث التربية النوعية، المجلد 7، العدد 2، مسلسل العدد 14، الجزء 3، يوليو 2021، ص. 981.

3 – سحّاب، إلياس، الموسيقى العربية في القرن العشرين مشاهد ومحطّات ووجوه، ط. 1، لبنان، دار الفارابي، 2009، ص. 15.

4 – علي إسماعيل، سيّد، مسيرة المسرح في مصر 1900 – 1935: فرق المسرح الغنائي، المملكة المتحدة، مؤسسة هنداوي، 2018، ص. 18.

5 – عبد القادر سيّد أحمد، محمد، المرجع السابق، ص. 981.

6 – GHAREEB MOHAMMED ALI, Ahmed, «Le monologue du siècle des lumières comme expression sociale et morale», Journal des lettres et des sciences humaines, vol. 88, Egypte, Juillet 2019, p.999.

7 – TRIAU, Christophe, « Le monologue », Encyclopædia Universalis [en ligne], consulté le 15 février 2023.

URL : https://www.universalis.fr/encyclopedie/monologue – notion – de/1 – le – monologue – chant – et – crise/

8 – Ibid.

9 – عبد القادر سيّد أحمد، محمد، المرجع السابق، ص. 83.

10 – GARFI, Mohamed, Musique et spectacle le théâtre lyrique arabe esquisse d'un itinéraire 1847 – 1975, L'Harmattan, Paris, 2009, p. 328.

11 – دانيلسون، فرجينيا، صوت مصر أم كلثوم والأغنية العربية والمجتمع المصري في القرن العشرين، ترجمة عادل هلال عنابي، ط. 2، القاهرة، المركز القومي للترجمة، 2015، ص. 118.

12 – سحّاب، فكتور، السبعة الكبار في الموسيقى العربية المعاصرة، ط. 2، لبنان، دار العلم للملايين، 2001، ص. 83.

13 – VIGREUX, Philippe, « Centralité de la musique égyptienne», Egypte/Monde arabe, n°7, Septembre 1991, Centre d'études et de documentation économiques juridiques et sociales, Egypte, p. 06.

14 – الحفني، رتيبة، محمد القصبجي الموسيقي العاشق، ط. 1، مصر، دار الشروق، 2006، ص. 92.

15 – GARFI, Mohamed, Op. cit., p. 292.

16 – Ibid., p. 389.

17 – GARFI, Mohamed, Op. cit., p. 434.

18 – Ibid., p. 435.

19 – زغيب، هنري، في رحاب الأخوين رحباني، لبنان، دار درغام ودار الفارابي، 2015، ص. 23.

المسرح والموسيقى
من التأصيل إلى التحديث
التجربة المغربية نموذجاً

• عبدالمجيد فنيش - المغرب

ينبغي الاعتراف بأن موضوع ملتقى الشارقة الثامن عشر للمسرح العربي بالغ الأهمية، لأنه يتناول مكوناً درامياً أساسياً لم يحظَ بمثل هاته المقاربة الشاملة لعدة محاور، وهذا ما يزيد في أهميته، بل إنه يعطي الملتقى ميزة تأسيس وازن لمقاربة موضوع تطبيقي بمواصفات تجمع ـ عبر المحاور المبرمجة ـ بين الخلفية التاريخية للمسرح والموسيقى، وبين الوقوف عند خصوصيات عربية في حضور الموسيقى في الصناعة المسرحية.

تمهيد:

اعتباراً لثنائية المقاربة المشار إليها، وبغية عدم إعادة معطيات سَتَرِد حتماً في مداخلات أخرى، خاصة في شق التعريف المفاهيمي، والتجارب التاريخية، فإني أفضل أن أذهب مباشرة إلى المحور الذي اقترحته خلال مرحلة إعداد الملتقى، وقد تم قبوله من طرف الهيئة المسؤولة عن الملتقى.

إنه محور التأمل في الجانب التطبيقي لتزاوج الموسيقى والمسرح، من خلال نماذج عربية. وقد ارتأيت أن تكون النماذج مغربية، لعدة عوامل من أبرزها:

ـ مواكبتي لأصحابها واطلاعي عليها إما خلال إعدادها، أو خلال عروضها.

ـ انخراطي اليومي في البحثين المعرفي والتطبيقي حول الحضور اللافت للألوان الموسيقية التراثية المغربية في تجارب بعض المغاربة.

ـ السعي إلى بلوغ قناعة مشتركة مفادها أن الموسيقى في المسرح العربي، هي «موسيقات».

تبعاً لما سبق، فإن هاته المداخلة ستتضمن المباحث التالية:

ـ المبحث الأول: تعريف موجز بالمسرح المغربي

ـ المبحث الثاني: مظاهر حضور الموسيقى في الدراما المغربية

ـ المبحث الثالث: قراءة في التجارب موضوع البحث التطبيقي

ـ خلاصة عامة

وقبل الوقوف ـ بالاختصار الكبير ـ عند كل مبحث، قد يكون من المفيد، تبيان بعض ملامح المناهج النقدية التي تسير على آلياتها هاته المداخلة، وفي مقدمتها «الوصفي»، إذ إن طبيعة المداخلة تراهن على توفير وثيقة لا أدعي أنها جامعة مانعة، وإنما هي مجرد إسهام أول في أفق قراءات للحالة المغربية ـ سواء مني أو من غيري ـ للسؤال الذي بادر إليه هذا الملتقى.

وبطبيعة الحال، فإن تقنية التوصيف، ستؤدي في المداخلة إلى بعض النزوع إلى حل آليات تحليلية قد لا تخلو من هاجس نقدي.

المبحث الأول: ما المسرح المغربي؟

أ ـ من التأسيس إلى منتصف تسعينيات القرن العشرين:

الإجابة عن هذا السؤال لن تتطلب جهداً كبيراً بحكم التراكم الحاصل في الإجابات التي يعود بعضها إلى زهاء ستة عقود، وهي تجمع على أن الثقافة المغربية ككل عرفت وتعرف حضور زواج الموسيقى وفن العرض التشخيصي، وذلك في ما سمي بـ «أشكال الفرجة ما قبل مسرح المؤسسة» (الأشكال ما قبل المسرحية).

وإن الذي يثيرني هنا هو مدى تأثير هذا الحضور الفرجوي الشعبي، على مسار المسرح المغربي الذي يمكن اعتبار عمره قد بلغ القرن.

الإجابة عن هذا التساؤل، ستأتي مقتضبة متفرقة في مباحث المداخلة، وبالتالي في الخلاصة.

وإذا عدنا إلى أول سنوات المسرح في المغرب، فإننا سنسجل الآتي:

ـ السبق الذي عرفته منطقة الشمال المغربي، في الاطلاع على أعمال مسرحية إسبانية.

ـ مبادرات الحركة الوطنية السياسية مع مطلع العقد الثالث من القرن العشرين؛ حيث أسست جمعيات من أنشطتها المسرح.

ـ بساطة في الجوانب التقنية، وشبه انعدام للبنية التحتية.

- محاولة المزج بين استنهاض الهمم عبر العودة إلى المجد الإسلامي، وبين التوجيه الاجتماعي عبر الكوميديا.

- انطلاق الاحتكاك مع المسرح العالمي مع بداية العقد السادس من القرن الماضي، والتوجه نحو التكوين خاصة بعد استقلال البلد (1956).

- تواجد ألوان مسرحية بمنطلقات معرفية وجمالية متباينة، وأحياناً متنافرة (كما كان الأمر بين المسرح الرسمي، ومسرح الهواة باختياراته القومية ذات الخلفية اليسارية).

- اعتلاء تجارب توظيف التراث أعلى المشهد، بصيغ مختلفة، خاصة مع أسماء مثل: عبد الله شقرون، والطيب الصديقي، وأحمد الطيب العلج، وعبد العزيز الزيادي، وعبد الكريم بناني، ومحمد شهرمان، وعبد الكريم برشيد، ورضوان احدادو، ومحمد مسكين، ومحمد بلهيسي، والمسكيني الصغير، وعبد المجيد فنيش، وعبد القادر اعبابو.

- امتداد كبير في تجارب مناهضة للاختيارات المذكورة، مع محمد تيمد، ومحمد قاوتي، وسعدالله عبدالمجيد، وعبدالواحد عوزي، ومحمد الكغاط.

ب – انطلاق مرحلة التكوين الأكاديمي:

التكوين الأكاديمي عرف انطلاقته الحقيقية من خلال المعهد

العالي للفن الدرامي والتنشيط الثقافي، وظهور حساسيات فكرية وإبداعية بأدوات جديدة، وقد تحققت قمتها منذ عقدين، مع إنجازات أسماء لها الآن صدى في المشهد المسرحي العربي، من قبيل عبد المجيد الهواس، وحسن هموش، وأسماء الهوري، ونعيمة زيطان، ولطيفة أحرار، ومحمد الحر، وأمين ناسور، ومحمود الشاهدي.

جـ ــ البحث والنقد:

جدير بالذكر أن المسرح المغربي، ومنذ نصف قرن عرف حضوراً بحثياً ونقدياً من خلال أسماء في مقدمتها حسن المنيعي، وعبد الكريم برشيد، وعبد الرحمان بن زيدان، ومحمد الكغاط، ويونس الوليدي، ومصطفى الرمضاني، ومحمد بهجاجي، وعبد الواحد بن ياسر، وسعيد الناجي، وخالد أمين، وحسن اليوسفي، وحسن بحراوي.

المبحث الثاني: من مظاهر حضور الموسيقى في المسرح المغربي:

حضرت الموسيقى في الفرجة المسرحية المغربية بمستويات وأشكال مختلفة، منذ سبعين سنة، إذ مارست السينما والدراما الإذاعية تأثيراً على الفاعلين المسرحيين، فوظفوها في بعض أعمالهم، كما هو الحال في بدايات المسرح العربي عامة.

ويمكن اعتبار السنوات الأولى من الاستقلال وأساساً في العقد الأول من عهد الملك الحسن الثاني، مرحلة انتقالية نوعية في هذا

الأمر، حيث أنجزت العديد من الأعمال التي أرَّخت لإنجازات البلد آنذاك، وكانت في شكل «الأوبريت»، إذ أصبحت «المردَّدات» غناء اللبنة الأولى لتلك الأعمال.

ومن أبرزها: «بناة الوطن»، و«المغرب واحد»، و«القنطرة»...، وقد بزغ خلالها الشعراء: أحمد الطيب العلج، ومحمد الطنجاوي، وفتح الله المغاري، وعبدالسلام البقالي، والملحنون: محمد بن عبد السلام، وأحمد البيضاوي، وعبدالرحيم السقاط.

وبالموازاة مع هاته الأشكال، تقوى حضور المضامين الاجتماعية والثقافية والسياحية في «التمثيل» الغنائي، خاصة مع الملحن محمد بن عبدالسلام الذي سيظل في ذاكرة الفن المغربي كواحد من المجدين المجتهدين في هذا النوع.

ولما استرجع المغرب الأقاليم الجنوبية/ الصحراء المغربية، كانت سنة 1975 انطلاقة للذهاب بعيداً في الفرجة المسرحية المبنية على التوليف الموسيقي، وفي هذا الشأن أنجز ما يُعرَف تداولاً في المغرب بـ«الملاحم»، وهي «استعراضيات» كبيرة من إبداع مسرحيين كبار تأليفاً ولحناً وإخراجاً، ومن بينهم: الطيب الصديقي، وأحمد الطيب العلج، ومحمد حسن الجندي، وعبد القادر الراشدي، والعربي الكواكبي، وعبدالرفيع الشنقيطي، وأحمد بدري، وجمال الدين الدخيسي، ومصطفى القباج.

وقد عمرت مثل هاته الأعمال إلى أواخر تسعينيات القرن الماضي.

المبحث الثالث: تعريف موجز ببعض التجارب:

رغم الاختزال البيّن في المبحثين السابقين، يمكن الجزم أن إمكانية التوقف عند المبحث الأساس موضوع المداخلة، قد أصبح ممكناً الآن، والبداية تقتضي تقديم معطيات حول الشخصيات التي ستكون بعض تجاربها نماذج للتأمل.

• الطيب الصديقي (1939 – 2016):

البداية مع رجل ذكر اسمه سابقاً أكثر من مرة، إنه «الطيب الصديقي». فمن هو؟ ولد الصديقي في الخامس من يناير 1939 في مدينة «الصويرة» المدينة الساحلية جنوب مدينة «الرباط» (400 كلم)، وهي مدينة ذات بعد تاريخي وتعد ذاكرة للموروثات الثقافية التي شكلت أسرة «الصديقي» إحدى علاماتها، وتكفي الإشارة إلى أن والده هو من الأدباء الفقهاء المشهود لهم بالاطلاع الواسع على الفنون الشعبية.

الصديقي ترعرع داخل هاته الأسرة التي أعدته (كباقي أخواته وإخوانه) ليكون موسوعة علم وفن، مما أهله – وهو في ريعان شبابه – إلى الالتحاق بفرنسا ليتلقى تكويناً في تاريخ وتقنيات المسرح، ثم يعود إلى المغرب ليصنع الحدث، ويكون أبرز وجه مسرحي على الإطلاق أنجبه المغرب.

يكفي أن نقول إن الصديقي من الأولين عربياً ممن أسسوا ما كان يعرف بـ«المسرح الشامل»، أي التنزيل الفعلي فوق الخشبة لمفهوم

«المسرح أبو الفنون»، وهذا ما يعني أن الموسيقى شكلت عموداً أساسياً في مسرحه (طبعاً إلى جانب فنون أخرى، وفي مقدمتها التشكيل والزخرفة...).

السؤال الآن كيف تمثلت الموسيقى في مسرح هذا الرجل؟

من خلال المشاهدات التي أتيحت لي، فإن الصديقي استطاع أن يزاوج بين تقنيات الموسيقى المستعملة في الدراما الإذاعية والتلفزيونية، وبين الموسيقى كعزف وإيقاعات تتم بشكل حي داخل لعبة التشخيص، وبهذا المزيج فإنه حقق التنوع.

واعتباراً لميوله التراثية فإنه ركز اشتغاله ركحياً على أن تنتقل الموسيقى من مهمة المواكبة الصوتية (الموسيقى كمؤثرات صوتية)، إلى مهمة الموسيقى كمشهديات. ولتحقيق هذا، فقد عمد إلى:

العزف على آلة واحدة وفي أحسن الحالات على اثنتين، مع مصاحبة لضبط الإيقاع تختلط فيها النقرات بالتصفيق.

اعتماد الإنشادات الجماعية كمرتكز أول، يليه الإنشاد الفردي الذي قد يصبح ثنائياً.

توزيع المردَّدات الملحنة على أكثر من مغنٍ، ولو على حساب تقسيم مبناها تقسيماً قد لا يتقبله الجمهور بسهولة، مما يمس أصل أداء تلك المردَّدات في العادة التقليدية «نفهم من هذا منحى «الصديقي» في عدم تقديس الموروث، بل اعتباره مادة يجب أن تخضع لإعادة التركيب».

من هنا تظهر أهمية خروج أكبر وأهم ظاهرة موسيقية شبابية مغربية منذ نصف قرن من رحم مسرح «الصديقي» الذي طوع الشعر واللحن لما يريد. الظاهرة المعنية هنا هي «مجموعة ناس الغيوان» و«مجموعة جيل جيلالة» اللتان تكونتا من ممثلين عازفين ومغنين، أسهموا في عدد من الأعمال التأسيسية للمسرح الشامل عند الصديقي.

ولعله من المفارقات المثيرة، أن يلجأ الصديقي في الوقت نفسه إلى تكليف ممثلين لا يجيدون العزف والغناء، بأداء مهام موسيقية حية، وذلك بسبب إصراره ليُظهر ـ مرة أخرى ـ أن هناك فرقاً بين الموسيقى من أجل الموسيقى والموسيقى لخلق استفزاز لدى المتلقي.

ومعلوم أن الصديقي قد بصم على مفاهيمه وآليات إنجازها في جل أعماله وبالأساس: «مقامات بديع الزمان الهمداني»، ديوان «سيدي عبد الرحمان المجذوب»: «الحراز»، «النور والديجور»..

أما الأعمال التي أعتبرها شخصياً قد مهدت لاكتمال المنظومة الصديقية، فأكتفي هنا بالإشارة إلى: المسرحيات التاريخية الاستعراضية: «سلطان الطلبة»: «المولى إدريس»، «وادي المخازن»: «المولى إسماعيل»...، وهي أعمال حضرت فيها الفنون الشعبية الحركية، أكثر مما تم فيها الاشتغال على وظائفها الموسيقية.

• الطيب العلج (1928 ـ 2012):

ولد في مدينة «فاس» يوم 9 سبتمبر 1928، وحين نقول «فاس»،

فإننا نستحضر ماهيتها الحضارية التي تضاهي عواصم الشام والعراق في القرون الأربعة الأولى بعد البعثة المحمدية.

من هنا، يتيسر لنا فهم شخصية هذا المبدع ودخول عالمه المسرحي الموسيقي، مع التذكير أنه من أكبر شعراء الدارجة المغربية، وأن أزجاله تمثل أروع ما قدمته الموسيقى المغربية منذ ستين سنة في مجال الأغنية العصرية بمختلف الأغراض، مع الإشارة إلى أنه إضافة إلى كونه في مقدمة المؤلفين الدراميين والمقتبسين والزجالين المغاربة، فهو ممثل وعازف على آلة العود وله ألحان كذلك، وجلها تضمنتها بعض أعماله المسرحية، سواء التي استمدها من التراث المغربي أو التي أستنبتها مغربياً من الريبتوار العالمي، وبالخصوص عن موليير.

هكذا نكون أمام تجربة مسرحية موسيقية موشومة في ذاكرة المغاربة، وقد تجلت بالخصوص في: مسرحية «الشطاب» ومسرحية «حليب الضياف» اللتين قدمتا سنة 1959 في مهرجان «مسرح الأمم» في باريس، وقد ظهرا فيهما للجمهور من غير المغاربة تلك القدرة الكبيرة على صناعة الفرجة الدرامية في تكامل بين المسرح والموسيقى، وثمة مسرحية «قاضي الحلقة» التي تعتبر – في تقديري الخاص – الصورة المثلى عند «العلج» في التجسيد الفعلي للمسرح الغنائي مغربياً.

ومن الإنصاف أن أشير أيضاً إلى أن «العلج» قدم للدراما الإذاعية عشرات الأعمال التي مزجت بين المؤثرات الموسيقية وبين الموسيقى والأغنية الحيتين من عزف وأداء ممثلين.

أما عن التقنيات التي اعتمدها ـ رفقة المخرج عبد اللطيف الدشراوي، في هذا العمل لتختلف كثيراً عما سبقت الإشارة إليه خلال الحديث عن تجربة الصديقي، مع استثناء جلي وهو أن الصديقي لا يعزف على أي آلة، في حين أن العلج توفق في الأداء / التشخيص وهو في نفس الوقت يعزف ويؤدي أزجاله.

• عبد السلام الشرايبي (1936 – 2006):

ولد سنة 1936 في مدينة مراكش، وأسرته تنتمي إلى «الشرفاء الشرايبيين» المتواجدة متناثرة في العديد من البلدان الإسلامية، وقد اشتهرت بنزوعها الصوفي الذي أثر عليه كثيراً وهيَّأه إلى أن يجعل أبرز أعماله المسرحية فرجة متنوعة المكونات التي تأتي الموسيقى والغناء في مقدمتها.

وهو اسم درامي مغربي تعددت إنتاجاته على مدار نصف قرن وبالأساس داخل فرقة «الوفاء المراكشية» التي يمكن اعتبارها لبنة أساسية في تاريخ المسرح المغربي من ستينيات القرن الماضي إلى العقد الأول من القرن الحالي.

توفي في حادثة سير وهو يجوب مدن المغرب لمعاينة عروض مسرحية باعتباره عضواً في لجنة دعم إنتاج المسرح من طرف وزارة الثقافة.

تشتهر مراكش بساحتها المسماة «جامع الفناء»، وهي من أعرق وأكبر وأشهر ساحات الفرجة في الامتداد العربي، إنها ساحة الفنون

وفي مقدمتها التمثيل والموسيقى والرقص، وبالتالي فقد تم توظيف رمزيتها هاته في عديد من الأعمال المسرحية منذ ستين سنة.

عبد السلام الشرايبي واحد ممن ذهب بعيداً في هذا الاتجاه، في أعماله المستمدة من التراث الشعري الشعبي، (الملحون أساساً)، وسيظل اسمه منقوشاً في الذاكرة بمسرحيتين على وجه الخصوص، الأولى هي «الحراز» التي تمت الإشارة إليها في الحديث عن «الصديقي» الذي أنجزها بعد إعادة الاشتغال على نصها الأصلي «للشرايبي»، أما الثانية فهي «سيدي قدور العلمي» التي ألفها وأخرجها وكدس مشاهدها بمختلف الألوان الموسيقية الغنائية والحركية كذلك، اتسعت الخشبة معنوياً – مع ضيقها – لتستوعب فنون ساحة جامع الفناء.

عبد السلام الشرايبي كان له فهم خاص لوظيفة الموسيقى في مسرحه، إذ إنه استغنى في المجمل عن كل الآلات الوترية مكتفياً ببعض الآلات الإيقاعية، لكن مع تركيز كبير في فن «الدقة المراكشية» التي استعملها كفواصل تضمن الانتقال السلس من مشهد إلى آخر (خاصة في الانتقالات التي تتم فيها عمليات تغيير قطع الديكور).

وبعيداً عن المسرح فوق الخشبة، فإن «الشرايبي» في مسرحه التلفزيوني، كان له مظهر آخر، إذ إنه اعتمد التمويج الموسيقي المسجل بوجود آلات وترية، وبألحان لا علاقة لها بالمتن التراثي.

• عبد المجيد فنيش:

كاتب هذه السطور، من مواليد 1956 وينتسب إلى أسرة من أصول أندلسية شكلت منذ القرن الثالث عشر إحدى الأسر العلمية والأدبية في مدينة «سلا» (جارة «الرباط»، ويفصل بينهما نهر أبي رقراق)، وهذا المحيط الاجتماعي لا يختلف عما ذكرناه في الحديث عن العمالقة «الصديقي»، «العلج» و«الشرايبي»، وبالتالي فإن أثر التراث الفني سيكون حاسماً في اختيارات «فنيش» الدرامية، خاصة وأنه عزز ميوله هذا بتكوين في التقنيات المسرحية في المغرب وفرنسا.

كما أنه من بين الأسماء القليلة في المغرب التي جمعت بين الممارسة المسرحية والبحث في الألوان الموسيقية المغربية التراثية، مما أهله إلى أن يكون عضواً في لجنة موسوعة «الملحون» التي تصدرها منذ ربع قرن أكاديمية المملكة المغربية.

ولقد تناول العديد من الباحثين تجربة عبد المجيد فنيش، من بينهم: عبد الكريم برشيد، عبد الرحمان بن زيدان، محمد أمين بنيوب، محمد جلال أعراب، كل منهم في سياق معين. ومما قالوا، يمكن استنتاج ما يلي والعهدة عليهم:

– ارتباط المسرح بالموسيقى التراثية سمة التميز الكبرى عند «فنيش»، لكون التجربة عمرت طويلاً (أربعون سنة)، وتم خلالها إنجاز 15 مسرحية مستمدة من الشعر المغربي الملحون.

– نصوص المسرحيات بطبيعتها تيسر أداءها تشخيصاً ومع المواكبة الموسيقية الغنائية (الإنشاد).

- لا وجود في تلك المسرحيات لأي نمط موسيقي غير التراثي.

- حضور أجواق (بلغ بعض أعداد أفرادها في أعمال كبرى 60 من العازفين).

- استعانة عبدالمجيد فنيش في جل أعماله بمنشدين محترفين، لتغطية النقص في عدد الممثلين القادرين على العزف والغناء.

- جرأة واضحة في تغيير ألحان بعض القصائد، مع تنويع طرق الغناء بدل الاكتفاء بالشكل التقليدي المتمثلتين في المنشد الواحد.

- توظيف آلات موسيقية إلكترونية غريبة عن أصالة موسيقى الملحون، مع العلم أن هذا التوظيف يخلق معضلة الانسجام الهرموني بحكم ما يعرف بـ «ربع الزمن» الذي لا يمكن أن تنجزه الآلات الإلكترونية.

وقد تكرم عبد الكريم برشيد، وحصر أهم الأعمال التي يعتبرها لوحات تتداخل فيها الموسيقى بالمسرح، وهي: «خمس ليالي في حضرة الجيلالي»، «خصام الباهيات»، «ديجور الديجور»، «يا زمن الملحون»، «ملحون اليوم»، «نزهة الخاطر مع الديوان العاشر».

• حسن هموش:

حسن هموش من خريجي المعهد العالي للمسرح البارزين تأليفاً وإعداداً وإخراجاً منذ عقدين. ولد يوم 27 ديسمبر من سنة 1959 في مدينة مراكش، فحمل بوفاء في وجدانه مكونات هويتها التراثية

الفنية، متأثراً بتجارب المسرحيين المراكشيين الذين تتلمذ عليهم، وفي مقدمتهم المؤلف المخرج عبد السلام الشرايبي الذي خصصنا له سابقاً بعض السطور (أول من قام بإعداد وتأليف مسرحي مستلهم من شعر الملحون منذ 60 سنة).

«هموش»، سواء اشتغل على متن تراثي أو لا، فإنه مخلص في زواج الموسيقى والمسرح في كل أعماله التي وجدت صداها باعتباره توفق في التوفيق بين البحث التقني، وبين البعد الجماهيري الواسع لكل أعماله، ومنها: «مرسول الحب»، «حراز عويشة»، «دارت بينا الدورة»، «كيف طوير طار»، «الساكن»، «الباشا الكلاوي»...

عكس التجارب المذكورة سابقاً، فإن هذا المبدع اختار أن تحضر الموسيقى في أعماله انطلاقاً من أشعار وألحان يتم إعدادها خصيصاً لكل عمل، وكلها بالدارجة المغربية، وبتركيب موسيقي شعبي أو فيه الكثير من الأنفاس التراثية.

وللذهاب بعيداً في هذا المشروع، فقد شكل مع المبدع الممثل الشاعر الملحن «محمد الدرهم» ثنائياً استطاع أن يجعل من المونولوجات أغاني، في الغالب يتم أداؤها من طرف ممثل(ة) أو اثنين كحد أقصى، وهذا ما يفيد أنه لم يركز في هذا التوظيف على الأداء الجماعي الذي رأينا أنه شكل حضوراً منتظماً في التجارب سالفة الذكر، كما أن «هموش» نادراً جداً ما يقدم المادة الموسيقية حية، وإنما مسجلة.

خلاصة :

باختصار، فإن ثنائية المسرح والموسيقى خاصة في شقيهما التراثي حضرت في تجارب أخرى ومنها تجربة مجموعة «تكادة» المنتمية لظاهرة الأغنية الغيوانية، مع أن هاته المجموعة اختصت في اللون البدوي بأسلوب فيه الكثير من الابتكار.

هاته المجموعة بحكم أنها مكونة من ممثلين موسيقيين في نفس الوقت، فقد نجحت في إنجاز عدد من الأعمال التي تأسست على الأداء الموسيقي الغنائي كمشاهد مكملة للمشاهد الدرامية، وذلك بصيغ الفرجة الشعبية الموجهة إلى الجمهور الواسع.

وقد أدخلت المجموعة إلى موسيقاها البدوية الآن غير مألوفة فيها، ومنها «الطمطم الأفريقي».

يمكن أن نستخلص مما سبق أن ثنائية الموسيقى والمسرح عمرت في المشهد الفني المغربي بشكل منتظم ولافت للانتباه 60 سنة، وأن الأمر في المجمل لم يكن مجرد تقليد لتجارب الشرق والغرب، وإنما كان بعضها كمنظومة واضحة المعالم.

وقد واكب النقد المغربي هاته التجارب مركزاً على شكلها أساساً، في حين لم يتوقف عند الإمعان في بناياتها الموسيقية الإنشادية ومدى مستويات الجودة فيها، إذ إن «الإبهار» الشكلي حال دون التقويم لما هو تقني في تلك الموسيقات.

والأمر الأكيد، هو أن هاته التجارب لعبت دور الجسر في انبعاث

الموسيقى داخل المشهد المسرحي المغربي مع الجيل الجديد الذي وردت أسماء بعض رموزه سابقاً دون الإطلالة على نماذج منها، إذ إن حيز هاته المداخلة وحتى منطلقها لا يسمحان مطلقاً بهاته الإطلالة التي نأمل أن تكون موضوع تدارس مقبل، مع العلم أن هاته الحساسية الجديدة تلقى الكثير من المتابعة النقدية.

هكذا تكون هاته المداخلة قد سعت إلى إثارة محطة مسرحية مغربية محضة شاءت أن تنبني على زواج شرعي بين الموسيقى والمسرح.

ورغم عدم الولوج الآن إلى مساحة هذا المشهد المغربي الجديد، فإني أمهد للآتي في هذا الموضوع بالقول: إن أول تمظهر للموسيقى في المسرح مع جيل اليوم، هو وجود عازفين ومطربين في ركن من الخشبة، أو في تنقلات داخل رقعتها وحتى في قاعة العرض.

وأضيف: إن هاته التموقعات ليست غريبة أبداً عن بعض التجارب المغربية منذ نصف قرن، ومنها: «المولى إدريس» – «النور والديجور» للطيب الصديقي.

لكن اللمسة الفاصلة مع الجيل الجديد في هذا الشأن، هي أن الموسيقى تتجاوز التنويع والتلوين وتهدف إلى تحقيق الفرجة فقط، بل إنها – عند الشباب رواد مسرح المغرب الآن – مسرح آخر.

المصادر والمراجع:

– مشاهدات صاحب المداخلة في المسارح وعلى شاشة التلفزيون؛

– الخزانة السمعية البصرية الشخصية لصاحب المداخلة.

– الخزانة الورقية الشخصية لصاحب المداخلة.

– لقاءات لصاحب المداخلة مع أصحاب التجارب المتناولة في المداخلة.

– يوميات ومذكرات وتصريحات كل من: «عبد الله شـقرون»، «الطيب العلج»، «الطيب الصديقي»، «عبد السلام الشرايبي»، «مولاي عبد العزيز الطاهري».

– لقاءات مع رئيس مؤسسة الطيب الصديقي (الابن البكر للصديقي).

– لقاءات مع رئيس مؤسسـة أحمد الطيب العلج للمسرح والزجل والفنون الشعبية (الابن حسن العلج).

– برنامجي في الإذاعة الوطنية المغربية «الدقات الثلاث».

الموسيقى والرقص والتراجيدية الإغريقية

• د. نوفل لعزارة - تونس

أشار جان ماري برادييه المختص في مجال العروض المسرحية المنظمة بشتى أشكالها الفرجوية الأنثربولوجية والاثنوسينولوجية إلى كون المسرح لم يكن في أصله نتاجاً خالصاً للأدب، بل هو ثمرة اتحاد جمّع في مزاوجة متقنة ومحكمة بين الموسيقى والرقص والشعر، مؤكداً في ذات السياق على وجود صعوبات ومعوقات اعترضت طريقه أثناء البحث في أسرار وخبايا العروض المسرحية التراجيدية عند اليونان قديماً، ولعل أهم صعوبة ذكرها تتعلق بتحديد الكيفية المنهجية الدقيقة التي ستمكنه من فرز وتصنيف وترتيب خصائص وأدوار ووظائف المكونات الأساسية للعرض المسرحي التراجيدي الموسيقي – الرقص والشعر [1].

معلّلاً تلك الصعوبة الكبرى بكون ما ذكر من مكونات للعرض التراجيدي عند الإغريق قديماً هي مكونات متلازمة ومتآلفة ومتعاضدة عضوياً منذ نشأة التراجيديا بما هي شكل من أشكال الدراما التي تهدف إلى تصوير مأساة تستعرض أحداثاً من الخوف والأسى من نتائجها إثارة الشفقة والخوف لدى المتفرج.

كما تجدر الإشارة إلى أن ما ذهب إليه «جان ماري برادييه» يكشف بشكل واضح عن الصعوبات المنهجية في التعامل مع

العروض المسرحية التراجيدية القديمة وخاصة منها الإغريقية، فالتراجيديات القديمة أو التقليديّة تحمل بداخلها سلوكاً متشعباً كما تحتوي من الداخل البنيوي على نظام ديناميكي تضبطه موازين القوى المتصارعة، وأيضاً حجم السلطة التي تمتلكها كل آلهة، زد على ذلك حضور ثنائية المقدس والمدنس كثنائية ملازمة للإنسان منذ أن أراد تفسير الكون وفهمه وتبرير وجده فيه.

حاول جان ماري برادييه إرشادنا ونصحنا إلى أن كل محاولة لتخليص ما هو متشعب أو ما هو متشابك بالضرورة داخل بنية العروض المسرحية ذات المزاج التراجيدي هو فعل معرفي محفوف بالمخاطر، ذلك أن العناصر المكونة للعرض كالموسيقى والرقص والشعر تعمل فيما بينها ديناميكياً وبطريقة تشاركية تعاضدية وهي عملية تجاذب تتم تلقائياً داخل تركيبة وبنية العرض المسرحي التراجيدي وضمن نسق تطوري تاريخي شديد التعقيد.

نستقرئ مما ذكر عبثيّة الفعل الذي سيذهب في اتجاه دراسة موسيقى العروض المسرحية التراجيدية بمعزل عن باقي عناصرها، فالتركيب الثلاثي المتكون من الموسيقى – الرقص والشعر أشبه بالخليط الذي يصعب فصله.

إن التراجيديات الإغريقية القديمة تأبى الفصل، فكل عملية فصل مستحدثة داخل الخليط الثلاثي موسيقى – رقص وشعر سينتج عنها فتق للديناميكية النشيطة التي تربط أطرافها بجذورها على خلاف ذلك جاء المسرح المعاصر الذي اعتمد مبدأ الفصل بين مكونات العروض أي الفصل بين النسيج النصّي والموسيقى – الرقص.

هذا وقد اعتبر برادييه أن مبدأ الفصل أحدث تغييراً كبيراً في مستوى بنية العروض المسرحية المعاصرة ومقارباتها الجمالية المشهدية، فالتغيير الذي مسّ المسرح في سياقه التطوري التاريخي كان جوهريا لذا يجب التوقف مع أخذ الحذر التام أثر التحول أو الانتقال من مبدأ الشراكة إلى مبدأ الفصل بين مكونات العرض المسرحي لأن التغيير المتقدّم كان هدفه التحول الشامل أين سيتجاوز ويلغي بموجبه المسرح المعاصر كل النبضات والقواعد الجمالية التي أسّسها المسرح التراجيدي التقليدي.

ولعل فتح باب الاحتمال يدفعنا إلى القول إن المسرح المعاصر بمؤلفيه ومخرجيه وصانعيه وبقصد ملحوظ عملوا على تحييد الرموز التي تضمنتها بنية العروض التراجيدية القديمة، وقتل الرموز بمختلف أنواعها الطبيعية والدينية التاريخية والأسطورية، يعني كذلك – أي الكتابة المصدر المضمّنة بسريّة (la mise en code) – إلغاء فكرة الترميز السرّي المحكمة داخل الموسيقى والحركة الجسدية والجمل النصيّة واللغة اللفظية وغير اللفظية.

لأن مثّل الترميز أداة للتفاهم والتواصل فإنه من الأجدر منهجياً ومعرفياً على من يدرسون ويبحثون في علاقة الموسيقى بالعروض المسرحية التراجيدية ألا يدرسونها إلا في نطاق مبدأ الشراكة والوحدة التي تجمع كل مكونات العرض المسرحي، ذلك أن الرموز المتحصّنة داخلها تتميز بالهشاشة وقد تتفتت تفتتاً شديداً إن لم يكن التعامل معها تعاملاً سليماً من الناحية المنهجية والعلمية؛ ولفهم وفك الشفرة الأصلية باعتبارها من المرسلات المنغمسة في كل مكونات

العرض المسرحي التراجيدي وجب تحديد خطة بحثيّة دقيقة حولها تتناول بالتحليل المعمق البعد الطقسي للموسيقى في العروض المسرحية التراجيدية عند اليونان قديماً، بذلك يمكن الاطلاع بشكل أوضح على الدور الذي كانت تلعبه الآلهة في تحديد طابع الممارسات الدينية داخل منطقة اليونان قديماً.

لعبت الموسيقى في الحضارة اليونانية القديمة في محليتها وانتشارها دور الريادة، إذ أسهمت بمعية المسرح في الدفع من حالة الوعي إلى أرفع الدرجات، والدليل على ذلك استكشافهم المبكر للوظيفة العلاجية التي يوفرها «البعد الروحاني لموسيقى» فـ«أبولو» الذي يعد لديهم إله الشمس والرماية والشعر والموسيقى سلّم ابنه «إسكليبيوس» مع التكليف المفروض سلطة معافاة الناس ومداواتهم بالموسيقى، وقد ظلت السلطة كحق إبداعي تخصّ الآلهة دون غيرها، فآلهة اليونان لها السلطة المطلقة في إنتاج الخيال وصناعة الأجساد، وبمعنى أدق الآلهة وحدها تمتلك شرعية خلق الرموز وتحديد مساراتها وقنواتها الاتصالية مع الإنسان والموسيقى تمثل إحدى تلك القنوات التي تعمل في علاقة تشابكية إنصهارية مع بقية الأشكال الفنية الأخرى كالرقص والشعر والنحت والمسرح.

نلتقط مما تقدم أن الأنا الإلهية عند الإغريق قديماً هي من كانت تسيطر وتتحكم في آليات إنتاج وتوزيع الإبداع والجمال، حيث كانت الجبال الشاهقة تمثل المصدر لبث القيم الفنية المرمّزة التي يتلقفها الإنسان حسب الحاجة والمنفعة والغاية من الترميز السرّي الالتزام بالمعايير الجمالية التي أصدرتها الآلهة، وفي مقابل ذلك على الإنسان

تقديم القرابين والأضاحي للإرضاء، وهذا الإرضاء يقاس بحسب نوع وقيمة وصنف الأضحية أو القربان المقدم وبحسب رتبة الآلهة لدى محبيها وأيضاً حسب قوة وضعف الرموز التي توطّد العلاقة بين الفنون والممارسات الشعائرية في الحياة اليومية لأن الفن عند الإغريق القدامى مسألة حياة.

أشـارت عديد البحوث والدراسات ودون اختلاف تقريباً إلى أن سكان اليونان القدامى كانوا منقسمين إلى شقين أي منتمين إلى آلهتين متصارعتين فهناك أتباع الإله «أبولون» ولهم موسيقاهم الخاصة وهم من سكان الحضر. كما أنّ «ديونيسيوس» له أتباعه وهم من سكان الريف الرحّل ولهم موسيقاهم الخاصة، فعبادة الآلهة «ديونيسيوس» إله الخمر كانت تقام عبر طقوس خاصة في المعبد وكان لـ «ديونيسيوس» حاشية ويسمون بعفاريت الغابة ولهم أبواق ينفخون فيها في جو مأساوي يعمّه حزن وجداني. وللعلم فإن هذا التقسيم المشار إليه في صفوف الأتباع والمريدين لا يعني بالضرورة أن يكون هناك تقسيم قد يصل حد القطيعة بين الموسيقى «الأبولونية» والموسيقى «الديونيسيوسية»، بل على العكس فإن الاختلاف هو اختلاف ظاهري كما الصراع بينهما هو صراع ظاهري لأن الصراع بما هو قوام المسرح يقتضي بالضرورة وجود قطبين للصراع وهما في الأصل مكمّلان لبعضهما البعض عبر هرمونيا وانسجام خفيّين.

نقطة أخرى نود الإشارة إليها تربط بين الموسيقى والجسد الكلّي والمسرح عند الإغريق القدامى، فالموسيقى هي من كانت تمنع انقسام الجسد إلى بعدين روح وجسم كما هو الحاصل في الطب الحديث،

وهي في علاقتها بالجسد تلعب دور الوسيط المساعد حتى يتّحد الجسد بالمطلق، حيث توجد السعادة والرقي والصفاء الأبدي والمعافاة.

وفي نفس الصدد ذكرت الباحثة الفرنسية آني بيليس[2] أن «تيوفراست»، وهو فيلسوف من اليونان القديمة، أكد على إمكانية علاج مريض «عرق النساء» بواسطة العزف على آلة الناي حيث ينطلق عازف الناي بتحديد منطقة الألم بالجسد وبعد ذلك ينطلق في العزف على «المقام الفريجي Phrygian mode»، بموجب هذا الشاهد نفهم أن الموسيقى الإغريقية وخاصة منها المتعلقة بالمسرح التراجيدي هب تمثّل حياً لحركة الجسد في العالم وهي إيقاع حياته اليومية وأنشطته الدينية، وهي أيضاً جزء داخل كلّيته الكونية، جزء معقد ومترابط وإنه لمهدد بالانقسام والاضمحلال داخل «النظام الإنساني L'organisme humain».

لقد استطاعت الموسيقى في العروض المسرحية التراجيدية عند الإغريق قديماً تجنيب الإنسان الإحساس المفزع بالفراغ النفسي والضياع الوجودي والرعب من لحظة العماء الأولى للكون التي مارست صورتها أشدّ ما في العنف من قوة على الإنسان الذي حاول بدوره أن يتخطاها عبر الفن كما قال «نيتشه» في كتابه «مولد التراجيديا من روح الموسيقى»: «الفن وحده القادر على تحويل هذه الأفكار المروعة من الرعب وعبث الوجود إلى تمثّلات يمكن بواسطة الفن الانعتاق من فرض العبثية، لقد كان كورس الساتير المنشد للأغاني الدايثرمب هو وسيلة الخلاص في الفن الإغريقي»[3].

لقد كان للموسيقى في العروض التراجيدية اليونانية الدور الناجع

والبالغ الأهمية حتى ينتقل الإنسان من حالة الخوف والرعب المنبعثة من صورة العدم البدئي للعالم إلى حالة الاستقرار النفسي وحالة الانسجام المجتمعي.

ويمكن تمييز التجربة الإنسانية في اليونان قديماً على أنها تجربة حضارية متفردة من ناحية تمدد وتوسع حالة العقل المتطورة وانتشارها عالمياً، وهي التجربة التي أوجدت لنفسها المعادلة الصعبة التي تربط الجزء بالكل والكل بالكل والكل بالجزء وفقاً لنظرية الهارمونية التي تدل في الميثولوجيا الإغريقية على التوافق والتناغم والإيقاع، ومهمتها الأساسية تنقية العالم اليوناني من الشوارد والمتنافرات والمتباعدات في الأفكار والأفعال والفهم والممارسات الدينية والرؤى، وأيضاً تقنين العيش المشترك داخل أسوار المدينة وخارجها بين أفراد المجتمع وبين المجتمع ككل وعالم الآلهة، فإن يتم تسخير آلهة خاصة لضبط الإيقاع المجتمعي في الفكر الميثولوجي الإغريقي فهذا الأمر يدل على عبقرية مفرطة في العمل على تناسج العلاقات الاجتماعية والنفسية والروحية وتوحيد الرؤى والعلاقات القائمة بين الأفراد. ففكرة الإيقاع الذي هو مكوّن من مكونات الموسيقى جاءت كأداة قيس يمكن من خلالها اكتشاف مواطن التجاذب والتنافر والتعرف على الشوارد داخل النسيج المجتمعي. من هنا نفهم لماذا كانت الحاجة للإيقاع عند اليونانيين قديماً مطلباً ملحاً على الآلهة توفيره، فلإيقاع بوصفه العنصر الأول من عناصر الموسيقى اقترن بحياة أهل اليونان قديماً وكان يمثل النبض المنظم لأنشطتهم اليومية وممارساتهم الطقوسية وكانت له علاقة مباشرة بتقنيات الجسد ضمن خط اتصالي ثقافي مضبوط.

لا بدّ من الإشارة في السياق ذاته إلى مفهوم آخر ظهر مع ميشال مافيسولي في كتاب له صدر بعنوان «موسيقات العالم والحياة العادية» [4]، وهو مفهوم التهجين في الموسيقى، وقد أكد «مافيوسولي» ضرورة التمييز بين موسيقات العالم الهجينة والأخرى الأصلية التي يكون فيها الإيقاع الموسيقي متناغماً مع حركة الجسد في كل حالاتها (رقص – شطح)، وكذلك الأنشطة اليومية.

لذلك اعتقد مارسال موس أن للأفارقة معايير زمنية خاصة بهم لقياس الوقت وتحديد المدة بأكثر دقة وملاءمة مع تقنيات الجسد، وهي المعايير التي تمكنهم من تقسيم الوقت تقسيماً وظيفياً. ويرجع مارسال موس تطور الشعوب الأفريقية في ضبط الإيقاع الموسيقي إلى خبراتهم الثقافية ومعرفتهم بالجسد في علاقته بمحيطهم، فالأفارقة لهم تقنيات جسدية لا تزال متصلة بممارساتهم الحياتية اليومية والأخرى الخارقة لليومي، مشيراً الى أن الإخفاق الأوروبي الحاصل في خصوص تشظي علاقة الأنا بالجسد الكلي يرجع الى ابتعادهم عن ضبط الإيقاع الحقيقي ومصدره تقنيات الجسد، ذلك أن الإيقاع الموسيقي عند بعض الشعوب الأفريقية لا يقاس بحساب العدد كما الحال في سمفونيات الثقافة الأوروبية المعاصرة، بل يقاس عبر تقنيات الجسد التي يعيش رهاناتها وأنشطتها في الحاضر وفي علاقة متلامسة وعلى احتكاك مع الواقع ومع البيئة الثقافية والاجتماعية لديهم، لأن ثمة تهجيناً في عالم الموسيقى فإن ذلك يعني أن هناك كارثة حضارية وثقافية ستطال حتماً الجسد وتقنياته وأسلوب عيشه وتفاعلاته وعلاقاته الاجتماعية والإبداعية.

ختاماً، هنالك سؤال وحيد نود أن نطرحه على أنفسنا وعلى كل من يهمه أمر المسرح العربي اليوم: هل يمكن تصنيف موسيقى مسرحنا العربي ضمن موسيقات العالم بما تحمله موسيقات العالم من مخيال جمعي واعٍ وغير واعٍ؟

الهوامش:

1 – Jean – Marie pradier, la scène et la fabrication des corps, ethnologie du spectacle vivant en occident.

V siècle av.j. – c. – xvIII Siècle. Ed PRESSES UNIVESITAIRES DE BORDEAUX.

Corps de l'esprit. Novembre 1997. (p45 – 46)

ترجمة الباحث بتصرف.

2 – Annie Bélis, MUSIQUE ET TRANSE DANS LE CORTEGE DIONYSIAQUE, cahier de GITA, N 24 P24. cité par, jean marie pradier, la scène et la fabrication des corps, ethnologie du spectacle vivant en occident .

3 – Nietesche : the Birth of tragedy from the sprit of music.

مأخوذ عن: نيتشه مولد المأساة من روح الموسيقى: عادل عبد الله. الحوار المتمدن M.ahewar.org

4 – Michel Maffesoli : Musique du monde et vie ordinaire , Maison de culture du monde , 1999.

تحمل المداخلة الفهم الكثير من هذا المرجع.

الموسيقى في المسرح العربي
وجهة نظر شخصية

• رشيد البرومي - المغرب

«إذا تصورنا أن الفن المسرحي هو أوركسترا سمفونية،
فإن الموسيقى هي آلة من آلات العرض المسرحي»

جورجي توفستونوكوف

توجست عند توصلي بدعوة المهرجان الكريمة لإعداد ورقة حول موضوع الموسيقى والمسرح بالنظر لتعدد زوايا النظر للموضوع ولغناه أولاً ثم إلى محدودية وقت التدخل، غير أنني وجدت من اللازم أن أركز على وجهة نظري الشخصية كفاعل في الميدان منذ ما يزيد على عشرين عاماً، وأطرح أسئلة ربما لم أجد لها جواباً إلى حد الآن ولكنها ربما ستغني النقاش بيننا.

تمهيد:

العلاقة بين المسرح والموسيقى غالباً ما ينظر إليها من الجانب التاريخي في الدراسات المتعلقة بهذا الجانب، وعلى أهميتها فإنها تبقى بدون إجابات حقيقية لما نعيشه اليوم من طفرة نوعية في هذا المجال. هذه الورقة، على محدوديتها، تتوخى العلاقة الجمالية أو الفنية بينهما. فالمسرح هو أسلوب تعبيري له خصوصياته، إذ يعتمد على الكلمة

أو النص وأداء الممثل والسينوغرافيا... إلخ، بينما الموسيقى هي أسلوب تعبيري آخر ربما بالاستلهامات نفسها ولكن لها القدرة بشكل آخر على استخراج أحاسيس إضافية لما يفعله/يملكه فن المسرح وهنا تظهر حاجة المسرح للموسيقى كما يمكن أن يكون العكس أي حاجة الموسيقى للمسرح: الأوبرا، الكوميديا الغنائية... إلخ.

الموسيقى كفن قائم بذاته لا يحتاج بشكل حيوي للمسرح (مع الاستثناءات المشار إليها أعلاه) لكي تؤدي وظيفتها. الموسيقى تملك تعبيرية خاصة تجريدية بامتياز، على رأس تراتبية الفنون المجردة (نيتشه ــ مولد التراجيديا)، تلبس لبوس الإناء أو المواضع التي وضعت فيها. (مثلاً ارتباط موسيقى فاجنر بالنظرية النازية أو موسيقى الفالز بالبورجوازية... إلخ). فالموسيقى لا يمكن توصيفها بسياسية أو ملتزمة أو غيرها من التوصيفات فقط عندما ترتبط بالغناء أو بالشعر أو بالكلمة التي لها مدلول مباشر أو بإيديولوجية محددة، وهذا بفعل خطابها التجريدي.

أصبحت الموسيقى منذ عهد ليس بالبعيد تطرح نفسها بقوة كمكون أساسي في العمل المسرحي العربي المعاصر، وتفرض أسئلة جديدة تسير في اتجاه توحيد الرؤى حول دورها وخصوصيتها في العمل الدرامي، وهذا لا يعني بأي حال من الأحوال أنها لم تكن حاضرة في الأعمال المسرحية العربية الأولى، غير أن هذا الحضور كان يتحقق، وما زال، بأشكال وتوظيفات ورهانات مختلفة عما يحصل الآن في التجارب الجديدة التي تستحق هذا التوصيف الأول.

استعملت الموسيقى في التجارب الأولى تارة كـ «مختبر» للأغاني

المؤلفة من طرف محترفين غنائيين، وعرفت بعد ذلك انتشاراً كأغانٍ مستقلة عن الإنتاج المسرحي الذي «أنتجها» وتارة أخرى كفن تزييني أو ترفيهي أو مصاحب لدور الممثل ليس إلا. (ناس الغيوان وجيل جيلالة في المغرب مع الطيب الصديقي في المغرب، الرحابنة في المسرح اللبناني، سيد درويش وسلامة حجازي في مصر وآخرين)، وهذا التوصيف ليس تبخيساً لدورها الريادي في هذا المجال وفي مساهمتها في نشر فن المسرح التليد وفي جماليته آنذاك.

اليوم نشهد بروز مؤلفين موسيقيين، قدموا من صلب المسرح، يحضرون التدريبات ويتشربون دراماتورجيا العرض المسرحي ويؤدون دورهم كباقي أدوار المتدخلين في العملية المسرحية كالممثلين ومصممي الإنارة والسينوغرافيين وغيرها من المستلزمات المهمة في تكوين العرض المسرحي.

هل هناك تمايز بين هذا الاستخدام القديم وغريمه الجديد (القطيعة) أو سليله الجديد (الاستمرار) في المسرح العربي؟ هل هنالك حاجة ضرورية لها أم لا؟ وفي حالة الجواب بالإيجاب، لماذا؟ كيف نضعها ومتى؟ هل يلزم موسيقى مسجلة؟ أو هل من الأفضل أن نستدعي موسيقيين يعزفون بشكل حي على المسرح؟ ما نوع الموسيقى التي نحتاج؟ هل نكتفي بالموسيقى الآلية أم يلزمنا الكلمة والغناء؟ كيف نرتب خلق موسيقى العرض من خلال التداريب؟ هل يلزمنا موسيقى أصلية موضوعة خصيصاً للعرض أم أن استعمال موسيقى ذات حمولة شعبية أو درامية قد تفي بالعرض؟ ما نوعية الآلات والأصواتِ اللائقة؟ ماذا عن الجانب التقني جد الهام لهذا المكون: كيفية اختيار

الآلات، نوعية الجمل اللحنية، مدتها، الغناء كمكون موسيقي، الإيقاع، الانسجام بين العناصر الكاملة المكونة للمقترح الموسيقي فيما بينها أولاً ثم مع السياق الدرامي للعمل المسرحي إجمالاً؟

سأحاول مقاربة الأجوبة لهذه الأسئلة وغيرها والمرتبطة بموضوع الموسيقى في المسرح عبر الإجابة عن أسئلة عامة وشاملة قد تضيء بعض الالتباس والغموض.

مع كل إبداع مسرحي جديد، يجد المخرج وفريقه نفسهم في مواجهة نفس التحديات والمشاكل التي تتطلب حلاً وتصوراً بالنسبة للأزياء، للديكور، للإكسسوارات، للإضاءة، للسينوغرافيا وأيضاً للموسيقى.

هل نحتاج للموسيقى في المسرح؟ ومتى بالضبط؟

أعتبر الموسيقى المؤلفة خصيصاً للمسرح مغايرة للموسيقى كفن قائم بذاته وتحكمها عناصر إضافية تنتمي لثقافة فن المسرح. موسيقى المسرح هي منجز صوتي قد يضم الموسيقى الآلية، المؤثرات الصوتية وتأثيث الصمت وقد يكون ضبطاً لإيقاع العرض كتنظيم وقع خطوات الممثلين وتدفق الكلمات من أفواههم وصوتيات أخرى بدون الحاجة لآلات موسيقية. فالمسرح حتى بدون تدخل آلات موسيقية يملك موسيقاه، ويمكن للمؤلف الموسيقي/ «الصوتي» أن يقوم بعمله فيه. إذن فسؤال هل نحتاج للموسيقى في المسرح يبدو متجاوزاً بهذا التعريف.

الصمت في الموسيقى مدروس بعناية فائقة فهو المقابل الذي

لا محيد عنه للنغمة في صناعة الجملة الموسيقية. في المسرح هو حاضر أيضاً ويزيد من رهبة وجمالية وضبط إيقاع النص. لكن كيف نمثله في الموسيقى المعدة للمسرح؟ إنه كالزجاج الشفاف أو الماء بالنسبة للرسام فلا يمكن أن نراهما ونحس بهما بشكل جمالي إلا عبر انعكاس الأشياء المحيطة بهما. في التعبير عن الصمت في المسرح (ليس هنالك صمت مطلق بمعنى الاختفاء الكلي للصوت) تتخذ كذلك الموسيقى أشكالاً أخرى قابلة للالتقاط الأذني تعكس بعض الأصوات الحاضرة في المكان المقترح للعب أو في الأجواء الدرامية المحيطة بهذه اللحظة.

متى يمكننا استعمال الموسيقى في العرض المسرحي؟

قد تكون هنالك إشارات لاستعمال الموسيقى في النص المسرحي المكتوب من طرف المؤلف في أوقات معينة مع الإشارة العامة لنوعية هذه الموسيقى، وقد تستعمل في أي وقت حسب اختيار المخرج ورؤيته الإخراجية.

من الغالب والرائج أن نستعملها في بداية المسرحية، كعتبة أولى من أجل خلق الجو العام الذي تدور فيه الأحداث أو ربما من أجل الإشارة إلى حقبة محددة أو فضاء محدد... أو أيضاً تقديم نوعية الشخصيات في العمل المسرحي؛ قد تستعمل كذلك بين بعض اللوحات والمشاهد أو أثناء تغيير الديكورات أو من وقت لآخر حسب الحاجة الدرامية لاسترسال العرض على عكس بعض الأشكال التي تحتاج لاستعمالات تقريباً دائمة ومحددة بدقة كالأوبرا والكوميديا الموسيقية

والباليه... إلخ. نجدها أيضاً حاضرة في نهاية العرض أو أثناء تحية الجمهور.

في كل هذه الاستعمالات يجب احترام شيئين اثنين حسب أنطون تشيخوف:

- ألا تستخدم هذه الموسيقى بشكل مجاني وساذج لا يخدم النص والمقترحات الإخراجية.

- ألا تتجاوز هذه الموسيقى في تعبيرها النص أو المقترح الجمالي والركحي للمخرج بحيث ترسم صورة متعالية عن الإدراك الحقيقي للخط الدرامي المقترح.

ما هي وظيفة الموسيقى في المسرح؟

- إنها تعكس أو تؤكد وتوضح أو على العكس تعارض مقترحات الحبكة المسرحية.

هي بمثابة توضيح حين تكون إعلاناً لدخول شخصية جديدة، أو حين تحيلنا إلى عصر ما، أن تعكس لنا مرور الوقت، أن تشير إلى مكان ما: طبيعة، وسط المدينة بضوضائها، جسور، إلخ. أو أن تكون دعامة لشعور ما حيث تكون حاضرة في صمت قصير ومحدد وفي الأخير أن تصاحب بلين ورقة كلياً خطاباً مسرحياً على ألا تتجاوزه في حدة الصوت والحضور. يمكنها أيضاً أن تشكل شخصية مستقلة ومتفردة توازي عمل شخصيات المسرحية في حالة جوقة غنائية أو

في حالة أغنية مؤداة. أن تعاكس طبيعة اللعب: موسيقى فرحة في مواجهة مأساة أو العكس، موسيقى بطيئة كمصاحب لحركة سريعة أو العكس.

الموسيقى هي أيضاً الإيقاع.

تعريف الإيقاع: هو التكرار المضبوط والمحسوب حسب درجات محددة لظاهرة ذات طبيعة سمعية أو فيزيائية أو بصرية. فالإيقاع موجود في النص: الاعتراض، الاندفاع، الكبح، مدد الصمت، تصاعد أو اندحار أو تسارع أو تراخي حدة الحوار ولا يخص الموسيقى وحدها، فهي خصوصية مشتركة. الموسيقى قد تضطلع بمهمة ضبط هذا الإيقاع والذهاب به إلى مناطق جديدة يتحقق فيها الانسجام والجمالية.

الموسيقى وعصرها:

اختيار الموسيقى يتم ملاءمتها لظروف تاريخية أو درامية، أسلوبية (كوميديا مرتجلة، ملحمة... إلخ) أم تجريبية وتكون حسب الرغبة الإخراجية والتموقع الفني للمخرج. كأن تضاف آلات موسيقية حديثة على شكل موسيقي تقليدي رغبة في تحديثه أو أن، كما في المسرح الملحمي، تضطلع الموسيقى بدور القطع مع الحالة الدرامية (بمعناها المأساوي) وتصبح صانعة للدهشة كما يذهب إلى ذلك بريشت.

اختيار الآلات الموسيقية:

لكل آلة موسيقية «جرسيتها» وبالتالي إمكانية وخصوصية تعبيرية ما (حسب الثقافات والموروث الأذني لكل ثقافة). وبالنظر للعدد الهائل للآلات (44000 آلة مدرجة، نحاسية، وترية، آلات النفخ، آلات إيقاع، آلات الإلكترونية والكهربائية... إلخ) فإن إمكانية استعمالها تبقى هائلة ولا حصر لها خصوصاً إذا أضفنا حالات الجمع بين آلة وأخرى أو قررنا الاكتفاء بواحدة. يضاف لذلك اختيار الإيقاع (ثنائي أو ثلاثي أو مركب) ثم المقام اللحني (كبير أو صغير في النموذج الغربي أو مجموعة المقامات التي تزخر بها الموسيقى العربية) ولكل مقام خصوصيته التعبيرية (مثلاً مقام الصبا وقدرته على استخراج مشاعر الألم... إلخ). الصوت البشري هو أيضاً جزء من المقترح الموسيقي، إذ يمكن استعماله بدون آلات مصاحبة أو في إطار تقنية الجوقة وأيضاً كآلة صوتية عبر الهمس، الصراخ، إصدار أصوات مختلفة، الأنفاس... إلخ.

الموسيقى والممثل:

يقول الفرنسي كي فرييكس في هذا الإطار: يجب على الممثل أن يستمع لموسيقاه الداخلية وموسيقى إيقاع قلبه أولاً، ويمكن لموسيقى العرض أن تمثل زاداً إضافياً يعزز دوره.

يجب على الممثل أن يشتغل دائماً بمصاحبة موسيقى العرض، أن يتعود على إيقاعها وأنغامها وانتقالاتها في التداريب تماماً كباقي

العناصر الأخرى المكونة للمسرح كالملابس والديكور... إلخ؛ فللموسيقى إمكانية هائلة على إظهار هذا الجانب الخفي لرهافة أو لشدة (حسب الحالة) دور الممثل وكذلك في إضفاء توصيف آخر للعلاقة بين الشخصيات. وفي هذا الصدد، فالتكوين والحس الموسيقي ليس فقط مرتبطاً بالممثل، بل بالمخرج والمؤلف المسرحي أيضاً. هل نحتاج فعلاً لمعاهد وأقسام متخصصة في هذا الميدان؟ المفروض في الفنان المسرحي أن يكون متمكناً من هذا بشكل ضمني، فهو ملزم من أن يتملك حساً ودراية بالموسيقى تتطلبها الممارسة المسرحية أولاً قبل الحديث عن الموسيقى.

كيف يتم إنشاء الموسيقى؟

إما بالتعاون مع مهندس صوت أو موسيقي حين يتعلق الأمر بإنتاج صوتيات وتأثيرات تتماشى مع أصوات وإيقاعات وحاجيات العرض الصوتية وغالباً ما تكون مسجلة على أقراص مضغوطة أو باستقدام موسيقيين يكونون جزءاً لا يتجزأ من العرض يحضرون التداريب ويشتغلون في إبداع موسيقاه بموازاة مع تقدم التدريبات أو بإنتاج موسيقى معروفة من المختارات المحلية أو العالمية يكون لها دور متعارف عليه مع الجمهور وقد تخدم تصوراً درامياً أو كوميدياً ما مع ما في هذه الحالة الأخيرة من خطورة على توازن العرض وشبهة محاولة استمالة عطف الجمهور خارج السياق الدرامي للمسرحية (القطع المختارة المتعارف عليها قد تشكل للمتفرج حالات استقبال مغايرة كل حسب علاقته بظروف التعامل معها رغم نجاح المخرج في اختيارها) .

يأخذ الموسيقيون في حالة العزف الحي مكاناً خاصاً بهم على الخشبة أو في الكواليس ويمكن أن يكون الموسيقيون هم ذاتهم ممثلين.

من أين يأتي صوت الموسيقى في العروض؟

أولاً من قاعة المسرح عبر المعدات الصوتية المعدة لهذا وفي هذه الحالة فالموسيقى تكون مقترحاً من المخرج مباشرة للجمهور كخطاب مستقل له علاقة بالمقترح الدرامي. ثم من الخشبة أو الركح عبر جهاز راديو مثلاً أو استعمال أصوات مواد مختلفة عبر إيقاع محدد أو عزف وغناء ممثل أو ممثلة، وهنا تتخذ الموسيقى شكلاً آخر في التعبير، إذ تصبح من الإشارات والأحداث الملتصقة بزمن الحكي أو اللعب. ثم من الكواليس كالأصوات الخارجية والمؤثرات التي تزيد باختلاف مصدر انبعاثها من إثارة الدهشة وخلق بيئة ملائمة للحدث المسرحي. ودقة اختيار مصدر ما من المصادر مهم للغاية ويخضع هو أيضاً لتبريرات فنية محضة تتصل بالجانب الدرامي للعمل.

هل نحتاج في المسرح لموسيقى عربية (مع صعوبة الجزم في هذا التجنيس خصوصاً في المسرح)؟

من الواضح أن الموسيقى مع ظروف العولمة والكونية وما فتحتهما من إمكانية تحسس وتملك موسيقات العالم، ما زالت تحتفظ بهويات تصبغها، عربية كانت أم أجنبية. فللموسيقى قدرة على تكوين مخزون أذني (بالنسبة للأذن) يكون حمّالاً للأحاسيس والمشاعر المتعارف عليها من قبل مجموعة بشرية أو إثنية ما. بما يحمله هذا من أشكال ومقامات وألوان موسيقية محددة لها مدلولات نفسية (حالة

الربع تون في المقامات العربية. مقام الصبا الذي يذهب بالمتلقي العربي مباشرة إلى إحساس الألم والمناجاة والحنين). فالموسيقى تصبح بهذا التوصيف لغة وسطية بين المبدع والمتلقي. يضاف إلى ذلك نوع الإيقاعات العربية التي تتفرد عن مثيلاتها الغربية ولها إشارات واضحة وتملك حسي واضح بالنسبة للمتلقي العربي. الموسيقى الغربية تملك أيضاً ميزات خاصة خصوصاً فيما يتعلق بتقنيات الهارموني والطباق والغناء الأوبرالي التي تملك قدرة هائلة على استخراج الأحاسيس والذهاب بعيداً على ملاءمة ما يطلبه فن المسرح أياً كانت جنسيته.

هذا الغنى الذي تزخر به الموسيقى وهذه السهولة التي نشهدها اليوم في التواصل مع كل الأجناس والإيقاعات، يجعلان من هذا الفن لغة موحدة صالحة للاستعمال في المسرح أياً كان شكلها وجنسيتها بشرط التقيد بضوابط العمل المسرحي التي تفترض الانسجام والتكامل والمنطلقات الجمالية الموحدة.

أبو الفنون والموسيقى:
تجربة وشهادة

• رعد خلف – العراق

شاركتُ في 2004 في تأليف موسيقى مسرحية «تقاسيم العنبر» للمخرج العراقي جواد الأسدي، ونص المسرحية معد عن قصة الكاتب الروسي أنطوان تشيخوف (العنبر رقم 6)، وقدمت في دمشق. وفي ما يلي أعرض لتجربتي في هذا العمل.

صمم المكان في هذا العرض بحيث يحيل إلى «المصح العقلي»، ووسم بالعنبر رقم «06»، أما الشخصيات في هذا المكان فهي: (أندريه – الدكتور)، (إيفان – أحد نزلاء العنبر) (نيكيتا – حارس العنبر) (داريوشكا – الممرضة مساعدة الدكتور)، (مجموعة المرضى في العنبر)، (عازف الكمان المنفرد/ أحد نزلاء العنبر).

(الضمير هو الذي يجعلنا جبناء جميعاً، أحياناً).. قالها تشيخوف وهو يفضح المجتمع الفاسد المتآكل حين لا يجد لنفسه النقي الصادق مكاناً إلا في مشفى المجانين وتحديداً ذاك العنبر رقم 6، ويجسد الكاتب في هذه القصة حزنه وخشيته على حرية الإنسان المثقف الواعي لدى تسلط طغمة جاهلة فاسدة، وهنا تبرز المقولات الداخلية لأولئك الأشخاص في العنبر، فإما أن أكون سيد قراري، أو أجعل الآخر، أو أي شخص سواي، يتخذها عني، وإما الإرادة الحرة، أو تلبية رغبات الآخرين من الطغمة، تلك المقولات التي تؤرق الشخصيات وتدفعهم

نحو الاكتئاب والاضطرابات النفسية حتى درجة الانتحار.

يبدأ العرض بجملة لشخصية إيفان (أكون أو لا أكون، تلك هي المسألة) التي تدل على الوجود والعدم، الكينونة البشرية في صراع مع الموت والحياة، إيفان الموجود والغائب في صراعه مع الدكتور أندريه نحو قيمة الحرية والاستقلالية.

يعالج النص الإخراجي شخصيات العنبر من خلال صناعة حياتهم الخاصة ومدى المعاناة التي تعرضوا لها حتى الوصول لهذا العنبر.

نظرية المعادل المسموع:

إن فكرة المعادل المسموع أسهم بشكل كبير في تكامل صناعة المشهدية ضمن العرض المسرحي، ويضيف له جماليات فنية عالية، وبالتالي هناك معادلة بين النصين الحكائي والموسيقي لتتوازن الصورة الفنية الكاملة في العرض، وهنا في (تقاسيم على العنبر) كان المعادل المسموع (ممثلاً) ذا كيان تواجدي مهم ضمن العنبر وفضائه المسرحي، لذا خُلقت له حواراته الموسيقية الخاصة وتفاعلاته ضمن النص العام، ولم يكن النص الموسيقي مكملاً للنص الحواري فحسب، بل أحد أهم عناصره المكونة للعرض لما تحمله تلك الموسيقى من تداعيات موازية للممثلين الآخرين، ولقد كان للنص الموسيقي طروحاته الخاصة لدعم الخطاب المسرحي المطروح لأن الموسيقى شكلت عنصرين مهمين عند الطرح (الحوار الموسيقي + الموسيقى التصويرية).

وكان للأداء المباشر على خشبة المسرح دور مهم في التأثير على أداء الممثل الذي ارتبطت به تلك النغمات والألحان وبالتحديد شخصية إيفان، الذي كان بالنسبة إلى العازف في العنبر، الصديق المقرب والملاذ الروحي والفلسفي.

لقد طُلب من المؤلف الموسيقي إخراجياً إيجاد الصيغ السمعية للتناغم والانسجام بينه وبين قاطني العنبر، وذلك بغية إيجاد العلاقة ضمن المربع المسرحي المسمى (العنبر)، ومحاولة إيجاد أذن صاغية لحواراته النغمية، ورغم كل ذلك نجد بالعموم أن موسيقى العرض تبرمج كل مقولات القصة وترتبط بالأساس بفلسفة شخصية إيفان في البحث عن السلامة الروحية الداخلية ضمن المجال الأخلاقي والنفسي.

لقد شكلت الموسيقى تلك العلاقة الجدلية التي امتدت بين الهدوء والسكينة حتى أقصى درجات الفوضى، وطبيعة الجمل الموسيقية وأبعادها التي تذهب بنا نحو الخليط الداخلي لأجسادنا في الصراع والتآلف بين الكتلة والسوائل.

وكان للعزف الحي والمباشر من على خشبة المسرح هندسة صوتية محكمة، كلغة نص تُقال من فم الممثل، لكن بصيغة موسيقية من خلال آلة إفرادية، شكلت نوعاً من الانسجام بين أحادية صوت الممثل وإفرادية الآلة.

ولم يكن هناك شيء منظم بالعموم على صعيد المسمع الموسيقي، فالموسيقى كأفكار المجانين في العنبر، كل لحظة في مكان وأحياناً

غير مترابطة، لكن العازف استطاع ربط خيوط تلك الموسيقى من خلال الجمل الموسيقية الحوارية المنشأ.

والغريب أن «اللامقامية» في طابع الموسيقى العام تجعل أحياناً من التجانس بين إيفان والعازف في وحدة تكاملية في واقعية الأمر، وأما البعد الشرقي الذي ظهر في مقدمة العمل فهو ليس إلا بُعداً ثالثاً لطرح تداعيات وإسقاطات القصة على واقعنا.

إن استخدام «النوطات» المتعددة (نوطتين أو ثلاث أو أكورد) هي حالة من الضرب المباشر لمرضى العنبر ودلالة على الاحتقان الداخلي، زد على ذلك فإن استخدام البعد الموسيقي المسمى (تريتون) يجسد بحد ذاته نقله صوتية عميقة نحو هذا التشرذم الذهني لدى نزلاء العنبر.

وحملت الموسيقى الكثير من الحركات الإيقاعية المنتظمة أحياناً وغير الدقيقة في أحيان أخرى، تلك التي تشبه حوارات الممثلين وانفعالاتهم الحسية والجسدية، زد على ذلك أن تلك الإيقاعات اللحنية كانت تمثل الواقع الذهني للنزلاء وتداعياته في الرضوخ للأمر الواقع أو التوق نحو الحرية والاستقلالية، أو الانتحار.

إن الإدراك المبكر للطبيعة الصوتية الواجب إصدارها من الآلة ولونيات اللحن، تعطينا حالة عن ماهية تلك النغمات وما المراد إيصاله في تلك الجملة الموسيقية، خاصة وأننا أدركنا منذ البداية أن تكون التضاريس اللحنية في التصاعد والهبوط واضحة المعالم، كي تعطينا الصبغة المناسبة التي تجعلها مشوقة في الاستماع.

لقد عملت جاهداً في أن تكون الصيغة التآلفية الموسيقية مرادفة لإبعاد النص وشخوصه (الشخصية/ الحركة/ البيئة/ الحالة النفسية.. إلخ)، وهكذا كانت الموسيقى في فعلها التكويني من (لحن/ هارموني/ إيقاع / طابع صوتي.. إلخ)، وهذا ما جعل تلك الموسيقى تظهر بشكلها المنهجي المتجانس مع حوارات الممثلين.

لقد سعت اللحنيات في هذا العمل على التعاقب والتتابع في النغمات بين لحظات الارتكاز والسكون المتعمد بين فواصله، والسعي بالمسار اللحني بين الشدة والهدوء، لمعرفة المعنى العاطفي والتعبيري المناسب للمشهدية، وبذلك شكلت الموسيقى وسيطاً مناسباً بين تصويرية المشهد وحوارية الموسيقى كممثل داخل خشبة المسرح.

كانت الفكرة مع المخرج أن نجد منذ البداية صيغة سمعية توحي لنا بالناتج العام وكأنها (علاج بالموسيقى) وبالأخص تلك المرافقة لشخصية إيفان، عدا عن ذلك فأحياناً كانت الموسيقى تدعو للتأمل، وأحياناً للصخب وأحياناً للراحة النفسية، والعزف الحي المباشر جعل من هذا العلاج مباشراً ومؤثراً.

كان لأداء الكمان المنفرد صيغة المحاكاة من خلال أسلوبية الأداء التي جسدت ملامح شخصية العازف وميوله النفسية، ولأن هذا الأداء هو صلة الوصل مع الجمهور نحو عالم خيالي وبعيد في أحاسيسه، أما الإدراك فهو إحدى أهم ميزات عمل الأداء الموسيقي في الحواس والفكر، والإحساس بالأشياء الخارجية كصورة ذهنية من خلال الأداء، ودعوني أقول إن الإدراك هو نوع من أنواع التصوف الفني

المعاصر الذي يعني (الانعتاق) عن المحيط، أو ما يسمى بالـ (الفيض الروحي).

وتعد تجربة الأداء الحي فوق خشبة المسرح من الحالات النادرة ضمن مسرحنا العربي، وأقصد لهذه الصيغة تحديداً، وهي من التجارب المعاصرة ذات الدلالات الحيوية على نضج اللحنيات في منطقتنا العربية ونوعية استخدامها مسرحياً.

لقد كان لتحويل إحدى المقطوعات الموسيقية المهمة في المسرحية إلى قالب الرباعي الوتري، استدراك مني كي أصف بعمق أكبر صورة الخشبة الممتلئة بمرضى العنبر في مشهد الاحتفال بعيد ميلاد أحدهم، فلم يكن الصخب والحوارات لطرافة الكوميديا فقط، إنما كانت ذات أبعاد نفسية وسيكولوجية بحتة داخل إطار هذا الاحتفال والهرج والمرج، ويشعر المشاهد هنا أنه أمام حلبة صراع، أفكار وتوجهات وأمنيات، وليس احتفالًا عادياً.

كان لوجودي وعزفي الحي داخل المسرح ضرورة حتمية لاكتمال النص وكبعد ثالث سمعي لدواخل هذه الحوارات المسرحية.

المسرح والموسيقى..
الإشراقات والتحديات

- هاني عفيفي – مصر

تحظى الموسيقى في العروض المسرحية بالإجماع على أهميتها وكونها حال جودتها وحسن توظيفها تمثل دعامة رئيسة في خدمة مضمون العرض، وتحقيق أكبر قدر من التأثير على المتلقي والمساعدة في تحقيق المتعة السمعية، وإلى جانب أهميتها لمخرج العرض، في موسيقى بداية العرض التمهيدية وموسيقى الختام، وفواصل تغيير الديكور، ومصاحبتها للتمثيل في مناطق شعورية لتدعم أداء الممثلين وتواكب التطور الدرامي والانفعالات المتنوعة؛ يستطيع مخرج العرض المسرحي ضبط إيقاع المشاهد وتدفق الأفكار وتتابع الأحداث بجاذبية وتشويق باستخدام الموسيقى ومن ثم ضبط إيقاع العرض بشكل عام.

وتستطيع الموسيقى أن تزود المتلقي إلى جانب الدلالات الشعورية بدلالات معلوماتية كالدلالة على بيئة المشهد والمستوى الثقافي والاجتماعي للشخصيات كذلك الفترة الزمنية للأحداث أو الحقبة التاريخية أو أن تمهد لظهور شخصية ما أو أن تكون بعض الجمل الموسيقية مرتبطة بظهور بعض الشخصيات أو أن يكون التوزيع الموسيقي المعين مرتبطاً بشخصيات بعينها كأن تكون الآلة معادلة للشخصية على سبيل المثال.

وإذا كنا للوهلة الأولى كصناع المسرح نفكر في الموسيقى كعامل مساعد رئيس في تدعيم الأفكار والمشاعر للتأثير على عاطفة المتفرج باستخدام حاسة السمع وإشراكه في الحدث والتفاعل معه عاطفياً في حالات الإيهام التام وكذلك تدعيم حالة البهجة في الأعمال الكوميدية والمفارقات فإن المخرج المسرحي يستطيع باستخدام مغاير للموسيقى أن يكسر الإيهام أو أن يثور على الأشكال التقليدية لاستخدام الموسيقى في العروض المسرحية في مسرحياته التجريبية كالمزج غير المعتاد بين أشكال ومدارس مختلفة أو أن ينقب ويعمق البحث في أشكال تراثية لم يتعود المتلقي سماعها على المسرح أو باستخدام أدوات للعزف عليها غير الآلات الموسيقية... وغيرها من الاجتهادات.

وإذا كانت الموسيقى التصويرية في العروض المسرحية تتنوع بين المسجل والمعزوف بشكل حي مصاحب للتمثيل فلكل منهما تقسيمات تفصيلية، ففي المسرحيات ذات الإنتاج المحدود ومسارح الهواة، يغلب استخدام موسيقى وسائط أخرى كاستخدام موسيقى عالمية أو موسيقى أفلام سينمائية عالمية أو مؤلفات لم تبدع خصيصاً للمسرحية، ولهذا الاستخدام أكثر من إشكالية أولها حقوق الأداء العلني والحقوق الأدبية، وثانيها أن معرفة المتلقي بالموسيقى قد يفقده الاستمتاع بالعرض، وقد يشتت اهتمامه بالعرض ما يحمله من ذكريات مع الموسيقى، وقد يفقد اهتمامه بالمشاهدة إذا لم يوفق المعد الموسيقي للعرض والمخرج في اختيار الموسيقى المناسبة.

وحتى مع جودة الموسيقى المختارة وملاءمتها للمسرحية يظل العمل المسرحي في هذه الحالة مفتقداً لبصمته الصوتية الخاصة، وربما كانت مثل هذه الاقتباسات مقبولة في الماضي مع بدايات المسرح مروراً بعصر سينما «الأبيض والأسود» وحتى نهاية القرن الماضي، لكن مع تعدد وسائل الاطلاع والمتابعة من قنوات تلفزيونية وشبكة معلومات ومنصات أصبح من غير المستحسن ألا تكون الموسيقى المستخدمة مؤلفة خصيصاً للعرض المسرحي سواء كانت مسجلة أو معزوفة بشكل حي.

وربما يستثنى من هذا الاستهجان إذا كان للمقطوعة أو الأغنية المقتبسة تماس واضح مع العرض أو كانت تراثية تلائم بيئة موضوع العرض أو كانت معروفة للمشاهد، وتتضح قصدية المخرج من اقتباسها للمشاهد لربطٍ مقصود بينها وبين دراما العرض.

لكن يظل التحدي الإنتاجي حاجزاً أمام الفرق الصغيرة والإنتاجات المحدودة التكلفة في توفير مؤلف موسيقي للعرض وما يتبعه من توظيف عازفين لكل ليلة عرض أو تكاليف التسجيل و«الميكساج» والمونتاج.

وإن كان بعض المؤَلفين الموسيقيين يستطيعون بفضل البرمجيات الحديثة تخريج شريط صوت متكامل دون استخدام آلات موسيقية للتسجيل أو العزف الحي ولا حتى دخول استوديو احترافي، فربما يكون ذلك ـ رغم ما يفتقده من جماليات ـ مَخرجاً نسبياً من هذا التحدي في حدود المتاح.

تجربة مشاحنات:

في هذا السياق أذكر تجربتي الخاصة في إعداد الموسيقى لعرض «مشاحنات» عن نص الكاتبة الإنجليزية كاترين هايس Skirmishes الذي أخرجتُه لمسرح مركز الإبداع الفني يونيو 2022 وهو مؤسسة تعليمية بالدرجة الأولى، فمهما توفرت الإمكانيات المتاحة سيكون لزاماً على المخرج الاقتصاد قدر المستطاع.

ولما كانت بطلة النص وتعاني الوحدة والوحشة وهي حبيسة غرفة الأم التي طال انتظارها الموت في فراش المرض مهمومة باستعطاف أختها الزائرة واستجداء بقائها أطول وقت ممكن؛ رأيت وأنا في مرحلة إعداد النص استخدام تنويعات على لحن أغنية الفنان الفرنسي جاك بريل «لا تتركيني Ne me quite pas» التي غناها كثير من مشاهير الطرب في العالم فيما بعد لاسيما في أمريكا كفرانك سيناترا وشيرلي باسيي وغيرهما بعنوان If you go away فجاءت التوزيعات وخاصة المنفردة على آلتي البيانو والتشيللو ملائمة في حد ذاتها كخلفية للممثلين وللفواصل، وتوزيعات الأوركسترا للمقدمة والختام، ورأيت ألا أستخدم الأغنية نفسها تجنباً للمباشرة.. فمن يعرف الأغنية بالفرنسية أو بالإنجليزية فقد لمس الترابط بين معانيها ومضمون الحوار المسرحي ومن لا يعرفها استمتع بتنويعات التوزيعات المستخدمة كموسيقى تصويرية للعرض.

أما التحدي التقني الأكبر في العزف الحي لموسيقى العرض فهو تحدي الهندسة الصوتية ومراعاة حسابات السعة الاستيعابية

لعدد المتفرجين وإمكانيات وصول الصوت بوضوح وأريحية لكل متفرج خاصة مع قلة المسارح التي تحتوي على حفرة موسيقيين وتنوع صالات العرض التي يعرض بها العرض خلال الفعاليات المختلفة.. وفي كثير من الأحيان يحاول المخرجون توظيف بعض الآلات في سينوغرافيا العرض المسرحي لمزيد من الاستفادة من توفر العزف الحي، وهنا يجب على المخرج مراعاة نوع الآلات في توزيعها لتكون الهندسة الصوتية شريكاً في التشكيل ولا تنفرد به رؤيته البصرية.. فإن معرفة المخرج بأساسيات الهندسة الصوتية وكذلك ثقافته الموسيقية عاملان مؤثران في حسن اختياره للموسيقى وتوظيفها في العرض.. فليس من المناسب تقنياً لوضوح ونقاء الصوت أن توضع آلة أو حتى مكبر صوت في محيط انعكاسات صوت صادر بفعل الحوائط أو الديكور.. وعلى سبيل المثال إذا كان المسرح صغيراً فالآلات الإيقاعية يجب أن تبتعد عن الجمهور عكس الوتريات، وكلما ابتعدت الآلات عن بعضها تحتم استخدام Audio monitors ليتمكنوا من سماع باقي الآلات، فسماع العازفين ورؤيتهم لبعضهم على المسرح في العروض المسرحية أمر مهم لضمان التواصل وللحفاظ على دقة العزف.

تجربة «عن العشاق»:

ومن ذلك أذكر تجربتي الخاصة في عرض «عن العشاق» وهي سهرة مسرحية موسيقية مادتها كتاب طوق الحمامة لابن حزم الأندلسي وأغنيات وموسيقى أغنيات كوكب الشرق أم كلثوم.. وقد

شمل العرض عزفاً حياً لآلتي عود مع القانون والتشيللو والكمان، بالإضافة إلى الغناء والرقص والحكي والتمثيل، وكان التحدي التقني هو توزيع العازفين في مناطق متفرقة من شرفات وسلالم وساحة الصحن المكشوف لقصر أثري كبير في القاهرة القديمة هو قصر «الأمير طاز» وللوهلة الأولى تصور القائمون على القصر أن ما يطلبه المخرج محض خيال فنان وبقليل من التجريب بمساعدة مهندسي صوت دار الأوبرا المصرية واستقدام عدد كافٍ من الـ Monitors واستخدام ميكروفونات مناسبة لمساحة العرض المكشوفة بفلاتر تقيها التأثير السلبي للهواء ومع مراجعة الموسيقي الكبير نصير شمة المشرف على موسيقى العرض وفرقته القائمة بعزف الموسيقى في العرض «بيت العود» تمكنا من التوزيع المطلوب للعازفين في سينوغرافيا العرض بنقاء صوت ودقة في العزف، وكان للتجربة حظ كبير من النجاح النقدي والجماهيري حتى إن العرض قدم لأول مرة في يوليو عام 2013 وتوالى عرضه لأكثر من تسعة مواسم عرض خلال ثماني سنوات كاملة.

نفس الصعوبات التقنية والإنتاجية للموسيقى الحية تواجه المسرح الغنائي الحي، غير أن التحديات في مواجهة المسرح الغنائي مضاعفة؛ ففي استخدام العزف الحي كموسيقى تصويرية أو بغناء على نطاق محدود عادة ما يقتصر الأمر على عدد محدود من العازفين، و في المسرح الغنائي الحي تتكون الفرقة من عدد أكبر من العازفين، بالإضافة إلى عدد المغنين في العرض وكلما زاد العدد زادت متطلبات الصوت التقنية والإنتاجية إلى جانب قلة المسارح

المصممة لتحمل عدد كبير من العازفين في حفرة الموسيقيين، وبعض هذا القليل يغطي حفرة الموسيقيين في أغلب الوقت ليستفيد من مساحة يراها القائمون على المسارح مهملة من ندرة تقديم أعمال مسرحية غنائية بأوركسترا حي.

ثم تحدي الإمكانيات البشرية.. فلا بد من توافر كاتب قادر على إمساك زمام الدراما نثراً وشعراً، ولا بد من توافر فنانين مؤدين يجيدون الغناء والرقص والتمثيل في نفس الوقت ولديهم من القدرة البدنية ما يمكنهم من الغناء الصحيح مع الرقص في معظم الأحيان، وهو أمر ليس كثير الحدوث، وحتى عند توافرهم تضيق قاعدة الاختيار أمام المخرج مع الاعتبارات الأخرى كملاءمة مساحة صوت الفنان لأغاني الشخصية أو ملاءمة مواصفاته الشكلية وبنية جسده للدور المرشح له، وعليه بعد اختياره أن يتحمل أضعاف مجهود التدريبات في المسرحيات غير الغنائية وأن يتدرب جيداً على التعامل مع الميكرفونات الحساسة مع الرقص والغناء والتفاعل مع المؤدين الآخرين في الحركة والتنقل بين النوت العالية والهمس والقرار والخروج والدخول من و إلى خشبة المسرح مع هذه الميكرفونات الدقيقة.

وثمة تحدٍ إنتاجي كبير آخر وهو تحدي خلق المعادل البصري للغناء في المسرح الغنائي.. فالمسرحيات الغنائية عادة تعتمد بشكل كبير على الحركة ومستوى الديكور والإضاءة والتمثيل والرقص والإبهار البصري بالتقنيات الحديثة وأصوات المجاميع وتعدد المناظر المسرحية والملابس المميزة في الخامات والطراز، وكلها مقومات تحتاج إلى إنتاج جريء.

من أجل كل هذه التحديات تكاد تكون الساحة المسرحية المصرية خلال العشرين عاماً الأخيرة خالية من مسرح غنائي بعزف وغناء حي باستثناء تجارب دار الأوبرا المصرية بما توفر لها من إمكانيات تقنية وفنانين من عازفين ومغنيين مُعيَنين براتب شهري لا يثقلون ميزانية كل عرض، ومع ذلك تعرض لليالٍ معدودة نظراً لازدحام جدول دار الأوبرا بغيره من فنون العرض طوال العام.

حقاً تزخر الساحة المسرحية بقطاعيها العام والخاص في مصر بمسرحيات تحتوي على أغانٍ كتبت ولحنت خصيصاً لعروضها، وفيها الكثير من الجودة والجمال إلا أنها غالباً ما تعرض على الجهور بطريقة الـ play back ويبقى المسرح الغنائي بمفهومه الدقيق لاسيما بأوركسترا مع الأسف نادر الوجود.

ختام:

ويطيب لي في ختام مداخلتي أن أشير إلى إحدى هذه التجارب النادرة والمهمة خلال العشرين عاماً الأخيرة على مستوى إنتاج المسرح الغنائي وهي المسرحية الغنائية «ليلة» والتي قدمتها شركة المسرح الغنائي المصري والتي تأسست 2017 للمؤلف والملحن إبراهيم موريس وشرفت بإخراجها بأوركسترا فاق الأربعين عازفاً وستة عشر مغنياً ومغنية يقدمون موسيقى العرض وأغانيه بعزف حي أمام الجمهور مصاحبين باقي مفردات العرض على مدى خمس وأربعين ليلة عرض خلال إبريل ومايو ونوفمبر وديسمبر 2017 والتي لاقت حظاً وافراً من الاستحسان والاهتمام الفني والنقدي والإعلامي.

وحالياً تقدم شركة المسرح الغنائي المصري مسرحيتها الغنائية الثانية «ولا في الأحلام» تأليف وألحان إبراهيم موريس وإخراج هاني عفيفي على أحد أهم مسارح القاهرة العريقة مسرح قصر النيل بوسط القاهرة الشهير باحتضان حفلات السيدة أم كلثوم في ستينيات القرن الماضي، وإن كنا نفتقر في عرضنا الغنائي الجديد إلى العزف الحي إلا أننا تمسكنا بالغناء الحي لأحد عشر مغنياً ومغنية بطريقة (1 –)، وحرصنا على استيراد أحدث تقنيات الصوت، آملين أن نعاود العمل مع الفرقة الموسيقية بعزف حي في أقرب وقت ممكن، وأن يستمر ويتواصل إنتاجنا في هذا المجال بأفضل الصور.. كما نأمل دائماً في ازدهار الموسيقى العربية والمسرح العربي.

Epigraph

"We know what we are, but know not what we may be"

— William Shakespeare

Acknowledgements

Writing Echoes Between the Lines has been a journey of emotions, reflections, and countless moments of inspiration. This book would not have been possible without the support, encouragement, and love of so many people in my life.

First and foremost, I am deeply grateful to my family for their unwavering belief in me. Your love and encouragement have been my greatest strength, and this book is as much yours as it is mine.

To my friends who have patiently listened to my ideas, given their honest feedback, and celebrated every small milestone with me—thank you. Your support has meant the world to me.

A special thank you to my mentors and teachers who nurtured my love for words and poetry. Your guidance has shaped my writing and given me the confidence to express my thoughts freely.

Sincere thanks to the NotionPress for their effort and support for publishing my debut poem book!

Lastly, I am grateful for the quiet moments of inspiration—the changing seasons, the festivals, the randomness of life—that have found their way into these pages. Poetry reflects life itself, and I hope Echoes Between the Lines resonates with you in ways both personal and profound.

With gratitude,
Asmita

To

All the Children around the world!

These words began as mine, but now they belong

to you—may you find yourself in them.

Love always, Asmita!

Contents

Contents

Whispers of the Evening Breeze

The evening breeze hums a quiet tune,
Dancing with shadows beneath the moon.
It carries the secrets of time and space,
A melody is soft, a gentle embrace.

The river hums low, its waters gleam,
Reflecting the stars' celestial dream.
Each ripple sings of a distant shore,
Of tales unfold, and so much more.

A lone bird soars, its cry so free,
A hymn to the vast, unending sea.
It speaks of wanderings, near and far,
Guided by the light of a trembling star.

The world unwinds as night takes hold,
Weaving its stories, silver and gold.
And in the silence, hearts find their peace,
Cradled by whispers that never cease.

Gratitude in the Harvest

The table's set, the feast is spread,
A time for thanks, for joy, for bread.
The scent of warmth, of roasted pine,
Of apple pie and pumpkin wine.

We gather close, the hearth aglow,
A grateful heart, a steady flow
Of laughter, stories, soft and sweet,
As we embrace this time to greet.

For every blessing, small and great,
For love that never knows its fate,
For hands that give and hearts that share,
We offer thanks, we pause, we care.

With every bite, with every cheer,
We hold dear those we gather near.
On this day, our hearts unite,
In gratitude, in love, in light.

Diwali Nights

The lamps are lit, the night aglow,
A river of light begins to flow.
Each flame is a wish, a prayer, a dream,
In the glow, our hearts redeem.

Rangoli colors, bright and bold,
Stories of old patterns are told.
Families gather, spirits high,
As the festival lights the sky.

The scent of sweets fills the air,
Laughter and joy are everywhere.
We share our love, our hearts entwine,
In Diwali's glow, all feels divine.

Fireworks dance with a joyful sound,
Echoes of peace and love unbound.
On this night, our hopes take flight,
In Diwali's warmth, the world feels right.

A Haunted Glow

The moon climbs high, with a ghostly glow,
As whispers of the wind will flow.
Shadows stretch and dark things creep,
On Halloween, the secrets are kept.

The pumpkins grin with flickering light,
Casting spells in the silent night.
Witches ride on broomsticks high,
As creatures gather, roaming by.

Children laugh in costumes bright,
Their faces glow in the night.
Candy bags and haunted tales,
Of ghostly ships and midnight sails.

The air is thick with mystery,
A night of magic, wild and free.
On this eve, the world takes flight,
Embracing all things strange and bright.

Afternoon Hues

The sun hangs low, a blazing crown,
Its amber rays drift softly down.
The earth breathes slowly, a frail sigh,
As clouds paint whispers on the sky.

The air is thick, yet sweet and mild,
A quiet calm, both fierce and wild.
The shadows stretch, the world reclines,
A symphony of stillness shines.

Beneath the oak, the grasses sway,
In rhythm with the fading day.
A cricket hums, a distant tune,
The timeless pulse of the afternoon.

And in this glow, so rich, profound,
A sacred peace wraps all around.
A fleeting moment, warm and truce,
The heart beats soft in the afternoon's view.

The Forgotten Lighthouse

On jagged cliffs where seas collide,
The lighthouse stands, its soul denied.
Its glassy eye, once bright, once bold,
Now stares with emptiness untold.

The waves still roar, the winds still weep,
Yet silence wraps its crumbling keep.
Its light has dimmed, its purpose gone,
Yet echoes of its past live on.

It once was hope for ships astray,
A guardian through the storm fray.
Its keeper's steps, a ghostly trace,
Still linger in this timeless space.

Now moss and stone in quiet blend,
A monument to journeys' end.
Forgotten, yet it stands apart,
A beacon still within the heart.

The Undercover Library

Beneath the boughs where whispers dwell,
A hidden door, no tongue could tell.
Its creaking hinge, a soft invite,
To halls aglow with ancient light.

Each book asleep on shadowed shelves,
Held echoes of forgotten selves.
Lives lived and lost, yet still they breathe,
Through the ink that weaves a timeless sheath.

A wanderer steps, with heart astir,
Drawn to a tome that calls to her.
Its pages glow, her name revealed,
A future's thread, unwound, unsealed.

The library hums, a quiet song,
Of fleeting time, of right and wrong.
Its secrets are bound in endless legends,
A keeper of forevermore.

A Christmas Ecstasy

Beneath the stars, so cold and bright,
The world transforms in silver light.
With carols sung and hearts aglow,
The magic of Christmas begins to show.

The evergreen, adorned with care,
Shines with love that fills the air.
Golden bells and crimson bows,
Echo the warmth that Christmas bestows.

The fire crackles, stories unfold,
Of joy and hope, both new and old.
Children's laughter, pure and sweet,
Weaves the rhythm of hearts that meet.

O holy night, a gift divine,
Peace on Earth in love's design.
May every soul, both near and far,
Find Christmas within, their guiding star.

Winter's Embrace

The world lies still, a crystal dream,
Beneath the moon's soft silver gleam.
The air is sharp, yet calm and pure,
A quiet spell, both cold and sure.

The trees wear gowns of frosted lace,
Their branches bowed in frozen grace.
Each breath becomes a fleeting cloud,
A whispered promise, soft, unbowed.

The snowflakes fall, a hushed ballet,
A fleeting dance, then fade away.
Their beauty is brief, yet deep, profound,
As winter wraps the earth around.

And in this chill, a warmth is born,
By fires aglow as hearts adorn.
For winter's touch, though cold, austere,
It brings love and light to draw us near.

The Lantern Keeper

Upon a hill where shadows crawl,
A lantern glows through night's dark sprawl.
Its golden flame, a steadfast guide,
To souls that wander far and wide.

The keeper stands, both still and lone,
A guardian carved from quiet stone.
Each flicker tells a tale of yore,
Of lives now passed, yet burning more.

The winds may howl, the storms may cry,
But never does the lantern die.
Its light defies the vast, the cold,
A beacon bright, forever bold.

And though the keeper's heart may ache,
In every spark, new dawns awake.
For in the glow, they've come to see,
The flame is hope, eternally.

Dawn of New Beginnings

The clock strikes twelve, the old fades away,
A new dawn rises, a fresh bouquet.
Each chime a promise, each star a guide,
As hopes awaken and dreams collide.

The air is alive with joy and cheer,
A toast to the future, a brave frontier.
Fireworks bloom in the midnight sky,
Painting our wishes as moments fly.

The pages turn, the story unfolds,
With every step, a tale retold.
Resolutions whispered, bold and clear,
Marking the birth of a radiant year.

So here we stand, at time's embrace,
Facing tomorrow with gentle grace.
A year of wonder lies ahead,
With love to cherish, and paths to tread.

Melody of the Ocean

The ocean hums a timeless tune,
Beneath the gaze of the silver moon.
Its whispers rise, its echoes fall,
A symphony that holds us all.

Each wave it sends, a evanescent verse,
Of storms unleashed, or calm reversed.
Its voice is deep, yet soft and kind,
A melody to soothe the mind.

The shells along its sandy shore,
Hold secrets from its endless lore.
And every tide, both retreat and flow,
Sings of the depths we'll never know.

Oh, ocean vast, your melody remains,
In sunlit joys and shadowed pains.
A carol of life, a boundless art,
The beating pulse of Earth's great heart.

My Valentine

In your eyes, a world resides,
Where love and laughter softly hide.
A tender place, both bright and true,
A haven built for you and me.

Your touch, a spark, a gentle fire,
A warmth that grows, a deep desire.
Each moment shared, a treasured line,
In the story of my Valentine.

Through every storm, through every day,
Your love has lit my winding way.
A guiding star, a light divine,
Forever yours, my Valentine.

So here I stand, with heart in hand,
A love as vast as sea and land.
Today I vow, your heart is mine,
And mine is yours, my Valentine.

The Threads of Friendship

A thread unbroken, strong and fine,
A bond that weaves your heart with mine.
Through days of sun, through nights of rain,
It holds us close, through joy and pain.

No need for words, a glance will do,
For in your smile, I see the true.
A hand to lift, a shoulder near,
A steady presence, calm and clear.

Though paths may part, and time may stray,
Our thread will never drift away.
For in the soul, where roots run deep,
The gift of friendship we will keep.

So here's to you, my cherished friend,
A light that shines, a love that bends.
Through every season, tried and true,
My heart will always walk with you.

The Quirky Kingdom

The king sat high on his golden chair,
With a crooked crown and messy hair.
He ruled the land with a mighty spoon,
Declaring each Tuesday a day for cartoons.

The queen, meanwhile, had a talent for flair,
She wore a chandelier as her royal wear.
She danced through halls with a clumsy grace,
Once, she tripped on her gown and fell on her face!

The knights were brave, but just a tad slow,
One tried to tilt with a garden hoe.
The royal chef served soup with a twist—
It was purple and glittered (nobody missed it).

In this kingdom, absurd and sweet,
The court would gather for nightly feats.
With laughter loud and mischief eager,
Long live the king, and the chandelier queen!

Raindrop Adventures

The rain came down in a steady song,
Pitter-patter, it danced along.
A little girl, in boots so bright,
Stepped outside with pure delight.

Her umbrella spun, a twirling shade,
A rainbow mound in the gray parade.
She leaped in puddles, splash and splatter,
With giggles so loud and endless chatter.

She sailed a leaf down the water's trail,
A tiny boat in a stormy tale.
Her hands cupped raindrops, cool and clear,
As if the sky had shed a tear.

When the clouds grew thin, the world grew light,
The rainbows arched in bright colors.
The little girl beamed, her heart aglow,
It was a rainy day, her favorite show.

Blooming Grace

The earth awakens, soft and slow,
As tender buds begin to show.
A blush of pink, a dash of white,
The world transforms in the morning light.

The air is sweet with fragrant blooms,
A cream to chase away the gloom.
Each petal whispers, fresh and new,
Of life, reborn, of skies turned blue.

Beneath the branches, where blossoms fall,
The promise of spring enchants us all.
A fleeting beauty, pure and shy,
Like painted dreams beneath the sky.

So let us dance, and let us sing,
For joy arrives on the blossoms' wing.
A season's kiss, a gentle thing,
The fleeting grace of vibrant spring.

Moonlit Elegance

The moon ascends, a silver flame,
A timeless glow, a whispered name.
Its light cascades through velvet skies,
A quiet gaze, where mystery lies.

It paints the earth in softest hues,
With shimmering whites and pale blues.
Each shadow stretched, each corner kissed,
By moonlight's gentle, fleeting mist.

The rivers gleam, the mountains sigh,
Beneath its watchful, glowing eye.
A lantern hung in heaven's dome,
That calls the stars and guides them home.

Oh, moon, your light, so calm, so kind,
Stirs wonder deep in heart and mind.
A beauty vast, calm, and true,
The night is whole because of you.

Sibling Shenanigans

Two little siblings, full of might,
Would bicker and banter, day and night.
"Who ate my chocolate?" the elder would roar,
While the younger giggled, "I'll eat some more!"

A tug of war with a blanket so snug,
Turned into a battle, then into a hug.
They fought over crayons, the blue and the red,
But painted a masterpiece together instead.

Pillow fights turned the room into a mess,
But laughter followed their silly success.
"Stop pulling my hair!" the elder would yell,
"Stop being a grump!" the younger would tell.

And though they would quarrel, tease, and defend,
At the day's close, they were the best of friends.
Through giggles, fights, and shared dessert,
Their bond was a love no squabble could hurt.

The Sports Day Showdown

Two kids, Tim and Tina, had a grand debate,
Over whom deserved to be sports day's great.
"I'll win first place!" Tim bragged with a cheer,
Tina smirked, "In your dreams, my dear!"

Tim puffed his chest, "I'm faster than light!"
Tina laughed, "But you trip at every height!"
"You can't even catch!" Tim jeered with glee,
"Oh please," said Tina, "Just wait and see!"

The day arrived, the whistle blew,
They raced ahead, their confidence grew.
But as they argued mid-track on the way,
The rest of the runners stole the day!

In the end, they laughed, despite the surprise,
And split the pity banana pies.
For winning or losing, it's always true,
Sports day's best with a rival like you!

Easter's Joy

The morning breaks, the sun shines bright,
A day of hope, a day of light.
With lilies blooming, spirits sing,
Rejoicing in the life He brings.

The children laugh, their baskets full,
Bright eggs of color, sweet and cool.
They search the garden, high and low,
In Easter's magic, hearts aglow.

The church bells ring, their sound so clear,
A call of love for all to hear.
The story told, of grace and cheer,
Renewed in faith, we hold it dear.

Easter's joy, a gift divine,
Of endless love, a sacred sign.
In every heart, His promise stays,
A blessing bright through all our days.

A Holi Storm

The morning starts, the colors fly,
A splash of red hits my left eye!
"Who did that?" I shout in proud,
As yellow powder rains again!

Pink and green, they swirl around,
I slip and slide on muddy ground.
Someone yells, "More purple, please!"
I sneeze, and now my face is cheese!

Buckets of water, balloons take flight,
A rainbow war, no end in sight.
My white shirt's now a canvas wild,
"Who painted me?" I yell, amused.

But laughter rings, and smiles don't fade,
In this chaos, friendships are made.
Holi's mess is a joy untold,
A festival of colors, bold and bold!

Summer - A comedy of Errors

The sun is blazing, I'm melting away,
Like butter on toast in the heat of the day.
I tried to jog, but let's be fair,
I made it two steps, then gasped for air.

The popsicle sticks to my sweaty hand,
It's a race to eat it before it's just sand.
Mosquitoes buzz with evil schemes,
While I slap at my legs and shatter my dreams.

The fan spins wildly, but what's the use?
I'm stuck to the couch like a gluey mousse.
The dog won't fetch, he's smarter than me,
He's napping in shade under the tree.

Oh summer, you tricky, scorching delight,
You make us laugh and curse in the night.
Still, I'll forgive you, and here's the scoop—
Because nothing beats that poolside group!

The First-Day Freak-Out

The alarm blares loud, it's way too soon,
I groan and roll out like a grumpy raccoon.
New shoes, stiff jeans, and a backpack that squeaks,
My reflection whispers, "You're doomed this week."

In the hallway, faces blur and dart,
Some friendly, some scary a guessing art.
I clutch my schedule like it's my map,
But room 203? I've fallen into a trap.

The teacher smiles, "Tell us your name!"
I freeze like a deer in spotlight shame.
"Uh, I'm… me," is all I can say,
While my brain packs up and runs away.

By lunch, it's chaos, where do I sit?
I'm dodging stares, regretting this outfit.
But then a wave, a smile, a "Hey!"
Maybe the creeps don't last all day.

The Chore Wars

The laundry basket is a mountain high,
I stare at it long and just wonder, "Why?"
The dishes stack like a leaning tower,
Each plate seems heavier by the hour.

The vacuum growls like it's out for revenge,
It snarls at the crumbs I refuse to avenge.
The mop stands tall, its gaze so stern,
"Clean the floors!" it cries, "It's your turn!"

Dust bunnies gather, they throw a parade,
Celebrating the mess I've accidentally made.
But I just yawn and flop on the couch,
Ignoring their cheers with a lazy slouch.

Chores are relentless, they always persist,
But I'm a master at making a to-do list!
Tomorrow, I'll tackle it all—I swear…
But for now, I'll just pretend it's not there.

The Embrace of Fall

Golden leaves tumble, weaving the ground,
A patchwork of colors, nature's surround.
The trees shed whispers with every breeze,
A lullaby sung through the shivering trees.

Pumpkins and apples, the season's delight,
Filling crisp days and the chilly night.
Sweaters and scarves, a warm embrace,
Fall paints the world with gentle grace.

The air is spiced with cinnamon's glow,
As bonfires flicker and embers show.
Laughter rings under skies of gray,
Autumn turns life a warmer way.

A fleeting chapter of earth's grand tale,
Where beauty blooms, then bids farewell.
Fall's gentle touch, both soft and shy,
A golden goodbye to the summer sky.

Family Fiasco

My family's a mix of chaos and glee,
Dad thinks he's the boss, but we all disagree.
Mom's multitasking, a pro on her feet,
While we're all just arguing over what to eat.

My sister's dramatic, her tantrums are wild,
You'd think she's auditioning to be the "golden child.
" My brother's a prankster, with tricks up his sleeve,
But when he gets caught, he's quick to leave.

Grandma's the gossip, with stories galore,
Grandpa just naps—he's heard them before.
Even the dog has opinions to share,
Barking at postmen who don't really care.

Though we're a madhouse, and that's plain to see,
I wouldn't trade them for a life that's stress-free.
For through all the squabbles, we somehow agree,
Home's just not the same without family!

9 798889 724780 6